한국의 전통명주 ④

버선발로 디딘 누룩

한국의 전통명주④
버선발로 디딘 누룩

처음 인쇄한 날 : 2005년 12월 20일
2쇄 발행한 날 : 2015년 7월 1일

지은이 : 박록담 외
펴낸이 : 김세권

펴낸곳 : 코리아쇼케이스
출판등록 : 2003년 10월 9일 (제6-522호)
주소 : 121-840 서울시 마포구 양화로8길 15 (301호)
대표전화 : (02) 333-1225 / 팩스 : (02) 332-5763
이메일 : bonbook@daum.net

ⓒ 박록담, 2005
ISBN 978-89-90981-24-7
ISBN 978-89-90981-20-4 (세트)

한국의 전통명주 ④

버선발로 디딘 누룩

박록담｜전경례｜안계희｜심유미｜김소현｜김유미｜최 원 共著

 축간사

　박록담 선생님과 여러 회원들의 〈버선발로 디딘 누룩〉 출판을 축하드립니다.

　세계의 여러 민족은 오랜 세월을 두고 그들이 살고 있는 기후풍토에 맞추어 고유한 음식문화를 형성하였습니다. 음식문화 중에서 특히 음주문화에는 그 나라의 풍토와 민속이라는 문화적 배경이 담겨 있습니다. 아마 술처럼 국적과 민족성이 뚜렷한 기호품도 드물 것입니다.

　술은 인류가 만든 가공음료 중에서 가장 역사가 오래된 것으로, 술의 기원에 대해서는 지역마다 신화의 형태로 전해 내려오고 있습니다.

　우리나라에서는 술을 빚는 방법을 육재(六材)라 하며, 여섯 가지 사항을 잘 선택해야 하는 것으로 전해오고 있습니다. 즉 쌀을 고를 때는 벼가 팬 때부터 고르게 익은 것을 선택하며, 누룩은 여름에 잘 뜬 것을 골라야 하며, 쌀과 누룩을 섞어서 술을 담글 때 깨끗하게 다루어야 하며, 좋은 샘물을 골라야 하며, 좋은 그릇을 사용해야 하며, 술이 잘 익게 온도를 맞추어야 합니다.

　이러한 비법은 오랜 경험에서 얻어진 것들이어서 과학적으로 보아도 합리적이라 할 수 있습니다. 그 중에서도 전통주 제조에 가장 중요한 것이 누룩이고, 술의 성패가 바로 누룩에 달려 있다고 해도 과언이 아닐 만큼, 누룩을 장만하는 일은 술 빚는 사람에게 중요한 것입니다.

　좋은 누룩을 얻기 위해서는 좋은 재료를 장만하고 재료의 처리 과정, 누룩 디디기, 온도와 습도 조절 등 띄우기에 남다른 정성을 기울여야 하는 것이 술 빚는 사람의 자세입니다.

이번에 발간되는 〈버선발로 디딘 누룩〉에서는 누룩에 사용되는 곡물의 종류별로 밀과 보리가 주원료인 누룩, 밀가루와 쌀가루가 주원료인 누룩, 녹두가 들어가는 누룩, 초재와 약재가 들어가는 누룩 등으로 분류하여 누룩 빚는 방법을 보다 자세하게 기록하고 자료화하였습니다.

재료에 따라 달라지는 누룩을 디뎌서 누룩에 따라 독특한 전통주를 발전시켜나가는 일은, 우리의 훌륭한 술문화의 맥을 이어나가는 데 가장 중요한 일이라고 생각됩니다.

전통주를 사랑하시고 숨겨진 전통주를 발굴하시는 선생님의 전통주 대중화 운동에 깊이 감명 받고 격려의 찬사를 보냅니다.

힘들고 어려운 작업이지만 좌절하지 마시고 전통주 대중화 운동을 계속해 주시기를 부탁드립니다. 다시 한번 〈버선발로 디딘 누룩〉의 출판을 축하드리며, 선생님의 가정과 한국전통주연구소에 하나님의 은총이 가득하시기를 기원합니다.

한양대학교 명예교수, 문화재청 문화재전문위원

이효지

머리말

　전통주 제조에 있어 무엇보다 먼저 갖추어야 할 것이요, 술의 성패(成敗)가 바로 이것에 달려 있다고 해도 과언이 아닐 만큼, 좋은 누룩을 장만하는 일은 술 빚는 사람에게 중요한 것입니다.

　그리고 좋은 누룩을 얻기 위해서 최고의 재료를 장만하고, 하나하나의 재료 처리 과정과 디디기, 특히 온도와 습도 조절 등 띄우기에 남다른 정성을 기울여야 한다는 것이 또한 술 빚는 사람의 자세라고 할 것입니다.

　이러한 사실을 누구보다도 더 잘 알면서도 이제야 누룩에 대한 자료집으로 〈버선발로 디딘 누룩〉을 내놓게 되었습니다. 지난 2002년에 출간된 바 있는 〈우리술 빚는 법〉과 〈우리술 103가지〉를 보완·증보한, 〈다시 쓰는 酒方文(주방문)〉과 〈釀酒集(양주집)〉에 이어, 〈버선발로 디딘 누룩〉은 그간 단편적으로 다뤄졌던 저서들과는 달리, 우리나라 전통주와 가양주(家釀酒) 전반에 걸쳐 누룩에 관하여 보다 넓고 깊이 있게 다뤘다고 할 수 있습니다.

　우리가 경험하는 바와 같이 전통주를 알면 알수록 누룩의 중요성을 깨닫게 되고, 그 깨달음만큼 보다 많은 경험과 지식을 쌓아야 한다는 사실 때문에 자꾸만 다음으로 미루게 되었고, 어쩌면 그 중요성이나 요구되는 모든 점에서, 특히 술 빚는 사람으로서 갖춰야 하는 자질과 요건에 대하여, 그만큼 자신감이 없었는지도 모른다는 것이 솔직한 고백입니다.

　이번에 선보이는 〈버선발로 디딘 누룩〉은 그간 맥이 끊겨 단절되었거나, 옛 문헌에만 수록되어 있을 뿐 빛을 보지 못했던 누룩과 가양주 형태의 가문

비법(家門秘法)으로 전해지고 있는 몇몇 전통누룩에 대해 이제라도 관심을 가져야 한다는 필자의 생각을 담고 있다는 점을 밝힙니다.

특히 〈제민요술(齊民要術)〉과 〈본초강목(本草綱目)〉 등 중국에 뿌리를 두고 있기는 하지만, 국내에 유입되어 가양주 제조에 사용되어온 누룩을 포함하여 〈산림경제(山林經濟)〉, 〈임원십육지(林園十六志)〉, 〈규곤시의방(閨壼是議方)〉 등 우리 문헌에 수록된 옛 전통누룩 가운데서도, 일제 강점기의 〈주세법〉을 모태로 한 자가양조 금지정책이 전개된 이후부터 단절되어 버린 특수누룩 55종이 관심의 주요 대상이었으며, 이들 누룩을 직접 버선발로 디디고 발효시키면서 원형에 가깝도록 재현하려고 노력하였습니다.

이들 누룩을 선정함에 있어 특별하게 그 기준을 마련한 것은 아닙니다만, 재료의 종류와 만드는 법의 다양성을 우선으로 선정하였으며, 재료마다의 처리 방법과 그 과정을 비롯하여 디디는 법, 그리고 발효 과정 등 그 과정 하나하나에 이르기까지 비교적 상세하게 사진과 함께 실음으로써, 전통주를 공부하는 사람들에게 충실한 자료가 되도록 노력하였습니다.

이러한 배경에는 전통적인 방법과 과정에 담겨 있는 장단점을 이해하고, 그 당위성을 찾고자 하는 마음이 있었습니다. 우리가 그동안 옛것이라고 해서 간과해버렸고, 무조건적으로 현대적인 사고에 바탕을 둔 합리적인 개선점을 찾고자 개량을 거듭한 결과, 획일적이고 규격화되면서 단편적으로 치우친 경우와 전통성을 상실해버린 예를 우리는 수도 없이 보아왔습니다.

특히 기존의 전통주와 전통으로 포장된 개량주들이 경제성과 편의성만을 추구하여 곡자회사 중심의 누룩에 의존하거나, 외국의 포도주효모와 일본의 백곡균을 수입하여 술을 빚게 되면서 맛의 획일화, 제품의 규격화로 치닫고 있는 현실에 대해 심각한 우려를 금할 수 없습니다.

따라서 이번에 발간되는 〈버선발로 디딘 누룩〉은 우리 전통주의 단점으로 지적되고 있는 맛과 향기를 보다 차별화 · 다양화하기 위한 기초작업의 일환으로, 우리의 전통주도 세계화 · 국제화 · 명품화의 길을 모색하는 데 일정 부분 기여할 수 있을 것으로 확신합니다. 물론, 이와 같은 노력은 국내에서는 처음 시도된 일로서, 고서(古書)의 해독(解讀)과 확인에 따른 고충은 물론이고 재료 구입과 부대비용 마련 등에 있어서도 많은 어려움이 뒤따랐습니다.

사실, 〈버선발로 디딘 누룩〉의 발간작업을 시작하면서, 무엇보다 야생의 제비쑥이나 도꼬마리, 여뀌 등 재료 채취와 구입에 따른 어려움과 가공에 따른 힘들었던 일을 생각하면 눈물이 날 지경입니다. 전통누룩 재현작업에 참여했던 회원 모두의 재료 채취와 가공, 누룩 디디기에 따른 과정마다의 사진 촬영은 말할 것도 없고, 특히 누룩 띄우기에 따른 공간과 장소 마련 등 9개월 간 수건으로 훔쳐낸 땀과 눈물이 얼마였는지, "생각하면 그동안 힘들다고 투정을 부렸던 술 빚기가 한결 수월했다."고 입을 모을 정도로 마음고생이 컸습니다.

더욱이 지난 2004년 여름은 30년 만의 폭염으로, 누룩을 디디고 띄우는 일이 여간 큰 고통이 아닐 수 없었습니다. 특히 이번 〈버선발로 디딘 누룩〉의 발간작업에는 재료 채취와 누룩 띄우기 등에 함께 참여한 최원 군의 노고가 컸으며, 틈틈이 귀한 시간을 내어 작업에 함께 해준 김혜원 씨와 김성환 군의 애정 어린 손길이 보태어진 결과라는 점에서 그 의미가 더욱 크다고 하겠습니다. 설혹 잘못과 미숙한 부분이 있다면 넓은 아량과 이해를 구하면서, 두고두고 보완 수정해 나갈 것을 약속드립니다.

　　이제 완성된 누룩을 바탕으로 한 전통주의 재현과 시험주 제조 등 더 많은 일이 과제로 남게 되었으며, 이에 따른 진행사항과 결과에 대해서도 자료가 만들어지는 대로 반드시 공개할 것을 약속하는 바입니다.

　　끝으로 여러 가지로 어려운 여건 속에서도 〈버선발로 디딘 누룩〉을 출간해주신 도서출판 코리아쇼케이스의 표도연 사장님 이하 임직원 여러분, 후학들을 위해 기꺼이 추천사를 써주신 이효지 교수님께 심심한 감사를 드립니다.

저자들을 대표하여 **박록담**

 차례

제3부 밀과 쌀이 주원료인 누룩(미곡, 분곡)

제1부

누룩이란

누룩이란

누룩의 역할

누룩이란 우리나라 전통의 술 발효제로서, 술의 발효와 숙성 중에 주원료로 사용되는 호화된 곡물(찹쌀, 멥쌀, 보리, 밀, 옥수수, 수수, 조 등)의 전분질을 분해, 당화시켜 포도당으로 만들어주는 효소원이자 발효원으로, 알코올 발효의 중요한 원료가 된다.

전통적으로 누룩은 밀과 보리, 쌀, 기장, 조 등의 곡물을 이용하여 만들어 왔는데, 술의 주원료가 되는 전분질 중심의 곡물이면 다 가능하다. 이 곡물들을 낟알 그대로 이용하거나 파쇄하여 쓰는데, 건조된 곡물과 낟알 형태 그대로는 누룩곰팡이나 효모의 번식이 곤란하므로 파쇄하여 사용하는 것을 위주로 하되 적정량의 수분과 미생물의 증식에 적당한 온도를 제공함으로써, 증식활동이 활발해지도록 조건을 조성해주는 것이 좋은 누룩을 만드는 비결이다.

이러한 누룩은 한자로 '곡자(麴子)' 또는 '국자(麴子)'라고도 표기하는데, 여기서 곡자는 자연 상태의 누룩곰팡이와 효모균, 젖산균 등의 미생물이 공기나 재료, 그리고 누룩을 띄울 때 사용하는 초재(草材)에서 자연적으로 접종되어 증식된 것을 말한다. 우리나라 고유의 양조법은 이 누룩을 이용하여 재료인 쌀의 당화와 발효를 동시에 일으키는 것으로, 예로부터 이 누룩을 '곡자' 라고 불러왔다.

국자는 살균한 배지에 특정한 곰팡이균을 인공적으로 접종하여 필요로 하는 미생물만을 집중적으로 배양, 육성한 것으로, 일본의 양조방식에서 유래한 '입국(粒麴)' 이나 요즘의 '개량누룩' 을 가리킨다. 결국 국자는 전분분해효소를 분비하는 국균(麴菌)만이 존재한다고 할 수 있으므로, 조효소제나 정제효소제로서의 기능이나 역할밖에 담당하지 못한다.

따라서 곡자와 입국 또는 개량누룩의 차이는 전분을 당화시키는 전분분해효소(아밀라아제 : Amylase, 프로티아제 : Protease)를 분비하는 누룩곰팡이 외에 젖산균이나 효모의 존재 유무로 구별된다고 하겠다. 입국이나 개량누룩을 이용하여 술을 빚을 때, 배양효모와 젖산을 투입해주어야 하는 까닭이 여기에 있으며, 우리 고유의 양조방식과는 분명한 차이가 있음을 알 수 있다.

따라서 전통적인 술 빚기에 따른 누룩의 제조는, 설사 그것이 사람의 손에 의해서 만들어졌다고 할지라도, 자연 상태의 누룩곰팡이와 효모, 젖산균의 접종이 자연적으로 이루어져 배양된 것이므로, 국자의 의미와는 다르다

누룩 우리나라 고유의 양조법은 누룩을 이용하여 재료인 쌀의 당화와 발효를 동시에 일으키는 것으로, 예로부터 누룩을 '곡자' 라고 불러왔다.

고 생각되기에 국자라고 하지 않고 곡자라고 불러왔던 것이다.

이러한 전통누룩을 이용한 술 빚기는, 누룩에 자란 누룩곰팡이(황곡균 : Aspergillus oryzae, 백곡균 : Asp Luchuensis mut. Kawachii, 흑곡균 : Asp awamori)를 주로 하여 젖산균(Homo lactic acid bacteria)과 효모(사카로마이세스 코리아누스 : Saccharomyces coreanus, 사카로마이세스 세르비제 : Saccharomyces crerevisiae)가 공생 공존하여 술의 발효에 관여한다는 것을 이해할 수 있게 된다.

누룩 속의 곰팡이는 발효 숙성시, 전분분해효소와 단백질분해효소를 생산하는 것이 주된 역할이다. 누룩은 술의 숙성 중에 전분을 분해, 당화하여 포도당으로 만들어주는 효소원의 원료로서, 이 아밀라아제 효소가 전분질을 분해한 후 당화시키고, 젖산균 또는 유산균을 생성시키는데, 이때 생성된 산은 효모를 활성화시켜 알코올과 이산화탄소를 생성시키게 된다. 이 때문에 술을 빚어 두면 인위적으로 불을 가하지 않더라도 부글부글 끓는 소리가

누룩 띄우기 누룩은 반드시 '띄우는 과정'을 거쳐야만 그 기능을 발휘하게 되는데, 이를 '발효'라고 한다. 누룩의 재료가 되는 밀 등의 전분질에 적당량의 수분을 가하고 상온에서 보온을 하는 발효 과정을 거치면서 젖산균과 물, 공기, 볏짚 등이 상호 작용하여 누룩곰팡이가 자라게 된다.

나고 수많은 기포가 생성되는 것을 볼 수 있는 것이다.

　누룩은 반드시 '띄우는 과정'을 거쳐야만 그 기능을 발휘하게 되는데, 이를 '발효(醱酵)'라고 한다. 누룩을 만들어 두면 제일 먼저 젖산균이 자라고, 다음에 효모가 번식하고, 술덧의 품온이 올라가면 효모는 번식을 중단하고, 최후에 누룩곰팡이가 자라는 것을 볼 수 있으며, 그러한 과정을 수없이 반복하게 된다.

　누룩이 만들어지는 이러한 과정을 '발효'라고 하는 까닭은, 누룩의 재료로 이용되는 밀 등의 전분질에 적당량의 수분을 가하고 상온에서 보온을 해주면, 젖산균의 도움으로 누룩의 재료나 물, 공기, 볏짚 등의 초재에 존재하던 잡균이나 세균의 활동이 억제되면서 상대적으로 젖산에 강한 누룩곰팡이와 효모의 활동이 활발해지는데, 특히 효모의 증식과 대사로 인해 이산화탄소(CO_2)가 생성되고 열이 발생하는 것을 볼 수 있기 때문이다. 누룩의 반죽이 빵처럼 부풀어 오르고 따뜻해지는 현상이 그것이다. 또 일정한 시간이 경과하면 누룩 반죽의 열이 식고 딱딱해지면서 누룩곰팡이가 보다 많이 자라 있는 것을 볼 수 있으며, 누룩 반죽은 다시 원래 형태로 되돌아가게 된다. 누룩의 발효시 이와 같은 현상이 반복되는 것을 목격할 수 있는데, 발효와 동시에 발생되는 열로 인해 수분증발이 다 이루어지면 그와 같은 현상이 끝나게 되고 발효는 종료된다. 누룩이 다 띄워진 것이라고 할 수 있다.

　이렇게 한 뒤, 누룩은 술 빚기 2~3일 전에 용도에 따라 크기를 달리하여 밤낮으로 햇볕과 이슬을 맞혀서 살균과 냄새 제거, 표백을 하는 법제(法製) 과정을 거치게 된다. 이 누룩으로 빚은 술은 입국이나 개량누룩, 조효소제, 정제효소제를 이용한 당화와 보산, 배양효모를 이용하여 발효시킨 개량주에 비해 훨씬 풍부한 향기와 풍미를 자랑한다.

전통누룩의 역사

우리나라와 같이 누룩곰팡이를 이용한 술 빚기가 이루어진 것은, 주변환경 곧 자연환경과 기후에 따른 영향이 절대적이다.

우리나라는 사계절의 변화가 뚜렷하여 각 계절마다 온도와 습도의 차이가 심한데, 특히 고온다습한 여름철은 벼농사에 적합한 환경으로, 벼와 보리 조, 수수 등의 곡물 재배가 용이하므로, 이들 곡물을 주식으로 섭취해왔다. 이러한 환경은 또 곰팡이의 번식이 왕성하여 고온저습한 서양에서와 같이 당도가 높은 과일의 재배가 용이하지 못하므로, 포도나 사과 등을 이용한 과실주가 빚어지지 못하였다. 대신 곰팡이의 활동이 왕성하게 이루어지는 고온다습한 여름철의 특수한 환경을 이용하여 곡물에 인위적으로 곰팡이를 증식시키고, 곰팡이에 의해 생성되는 녹말분해효소를 이용하여 곡물의 전분을 당화시키는 양조기술을 발달시키게 된 것이 누룩이 만들어지게 된 배경이다.

누룩이 처음 만들어진 것은 중국 춘추전국시대(기원전 5세기경)로 전해오고 있으나, 정확한 시기는 알 수가 없다. 다만, 우리나라에서 누룩을 사용한 시기는 1123년경이라고 알려져 있으나, 이는 중국의 서긍(徐兢)이란 사람이 우리나라(고려)에 와서 당시의 문물을 보고 기록으로 남긴 〈고려도경(高麗圖經)〉이란 문헌을 근거로 한 추측이다.

우리나라의 기록인 〈삼국사기(三國史記)〉나 〈삼국유사(三國遺事)〉에는 '미온(美醞)', '지주(旨酒)', '요례(醪醴)' 등 술 이름만 보일 뿐, 누룩에 대한 기록은 없다. 그러나 이들 술이 '맛있는 술', '맛 좋은 술'이란 의미를 담고 있어, 누룩으로 빚은 술이 아닌가 하는 추측을 하고 있다.

또한 일본 최고의 정사(正史)로 알려지고 있는 〈고사기(古事記)〉 '응신왕조(應神王條)'에 "양주법(釀酒法)을 아는 백제의 명인 인번(仁番)이 도래하여 술 빚는 법을 전해와, 빚은 술을 바치다."와, '본조월령 6월조'에 "응신천황 때 백제인 수수보리(須須保理)가 참래하여 조주(造酒)가 처음으로 시작되다."라고 기록되어 있는 것으로 미루어, 누룩이 우리나라에서 만들어진 시기는 삼국시대 이전인 것으로 추측된다.

누룩이 만들어졌을 당시의 재료는 지금과 같은 밀이 아닌 '조(속미粟米)'였다고 한다. 이러한 사실은, 기원전 3세기경 중국 주나라 때 정부조직법을 정리한 〈주례(周禮)〉라는 문헌에 '산국(散麴)'이 등장하고, 한나라 때의 〈방언(方言)〉이란 문헌에는 지금과 같은 형태의 '병국(餅麴)'이 술 빚기의 주종을 이루었다고 한 기록에서 알 수 있다.

한편 고려가요 〈한림별곡(翰林別曲)〉에 특수누룩으로 빚은 이화주(梨花酒)가 등장하여, 이 시기에 우리나라에서는 이미 다양한 형태의 누룩이 만

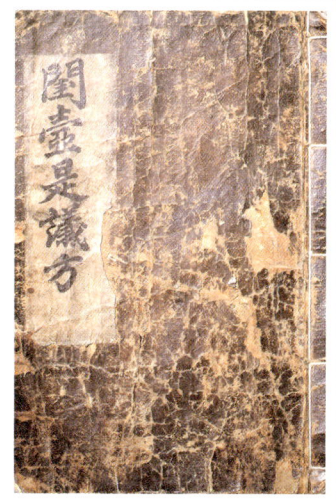

규곤시의방 '음식디미방'이라고도 한다. 조선시대 중엽 이후의 음식 관련 문헌으로 누룩 이름과 만드는 법을 상세하게 볼 수 있다.

들어졌음을 추측할 수 있다.

이후의 기록으로 조선시대 중엽 이후의 음식 관련 문헌인 〈사시찬요초(四時纂要抄)〉, 〈규곤시의방(閨壺是議方)〉에서 비로소 누룩 이름과 만드는 법을 상세하게 볼 수가 있다.

이 밖에 누룩 이름이나 만드는 법이 기록되어 있는 문헌으로는, 〈치생요람(治生要覽)〉(1691년), 〈산림경제(山林經濟)〉(1715년), 〈고사십이집(故事十二集)〉(1787년), 〈농정회요(農政會要)〉(1830년), 〈온주법(醞酒法)〉(1700년대 후반), 〈양주방(釀酒方)〉(1837년), 〈본초강목(本草綱目)〉(명대, 1596년), 〈임원십육지(林園十六志)〉(1827년), 〈해동농서(海東農書)〉(1799년), 〈음식방문(飮食方文)〉(1800년대), 〈동의보감(東醫寶鑑)〉(1611년) 등이 있다.

이들 문헌에는 곡(麯), 국(麴), 녹두곡(綠豆麴), 향온곡(香醞麴), 동양주곡(東陽酒麴), 이화주곡(梨花酒麴) 등 수십 종의 누룩 이름과 만드는 방법이 개략적으로 소개되어 있다.

전통누룩과 제조

전통누룩에는 여러 가지 종류가 있고, 각각 만드는 방법도 다르다. 그러나 누룩이 만들어지는 과정이나 술의 발효에 관여하는 역할은 거의 같다.

누룩은 밀 등 주재료에 적당량의 수분을 주고 주변온도를 따뜻하게 하여 주면, 볏짚과 공기 중의 누룩곰팡이와 효모가 활착하여 번식하게 되는데, 우리는 이들 효모와 곰팡이를 이용하여 술을 빚는다.

전통적인 술 빚기에 이용되는 누룩은 밀누룩과 보리누룩, 쌀누룩, 녹두누룩 등 수십 종이 있으나, 밀누룩이 가장 널리 이용되었다. 이는 밀누룩이 여타 누룩보다 발효가 잘 되고 향기가 좋다는 사실의 반증이다.

쌀누룩과 녹두누룩은 특수누룩으로 분류하는데, 쌀누룩은 이화곡이라고 하여 '이화주(梨花酒)'를 빚는 데 쓰이고, 녹두누룩 또는 향온곡은 '향온주(香醞酒)'나 '백수환동주(白首還童酒)' 등 특수한 술에 한하여 사용된다.

이화주는 그 맛이 새콤달콤하면서 은은한 향기와 단맛이 있으며, 특히 알코올 도수가 낮고 영양가가 높아 남녀노소를 막론하고 영양간식으로도 훌륭한 술이다. 녹두누룩으로 빚은 향온주나 백수환동주와 같은 술은, 밀누룩으로 빚은 여느 술에 비해 매우 독특한 향기와 맛을 자랑하는데, 이런 술에 맛을 들이게 되면 다른 술은 거들떠보지 않을 정도로 맛과 향이 특별하며, 저장성도 좋아 오래 두고 마실 수가 있다. 녹두누룩으로 빚은 술은 한마디로 무슨 향기라고 단정할 수 없을 정도로 오묘한 향취를 간직하고 있어서, 궁중과 부유층, 사대부가에서도 주인 혼자서 반주(飯酒)로나 즐겼을 만큼 귀하게 여겼다.

따라서 어느 정도 자신감이 붙으면 녹두누룩이나 이화곡을 이용한 술 빚

밀누룩(곡) 만드는 과정
밀기울 중심의 누룩은 구수한 맛과 함께 술에 향미가 좋아지는 장점은 있으나, 술 빛깔이 짙어진다는 점은 단점으로 지적되고 있다.

기를 시도해서 자기 집만의 가양주(家釀酒)로, 또는 상품으로 만들어보길 권하고 싶다.

우리네 술은 발효를 잘 시키는 일 못지않게, 어떤 누룩을 쓰느냐에 따라 술맛과 향이 전혀 달라진다는 것을 알 수 있으며, 자연스럽게 누룩 만드는 일과 그에 따른 각별한 정성을 요구하기에 이르렀다.

옛사람들은 누룩을 만드는 일에 있어서도 좋은 날〔吉日〕과 좋은 때〔吉時〕를 택했는데, 중국의 문헌인 〈거가필용(居家必用)〉, 〈제민요술(齊民要術)〉, 〈동파집(東坡集)〉이나, 우리의 옛 문헌인 〈고사촬요(攷事撮要)〉, 〈사시찬요(四時纂要)〉 등의 기록에서 "누룩 디디는 좋은 날은 신미(辛未), 을미(乙未), 경자(庚子)일이다.", 또 "좋은 날은 제(際), 만(滿), 개(開), 성(成)일이다.", "삼복 중에 누룩을 디디면 벌레가 안 뀐다.", "누룩 디디는 시기는 초복 후가 가장 좋고, 중복 후 말복 전은 그 다음이다."라고 수록되어 있어, 누룩을 만드는 일에 정성을 쏟았음을 엿볼 수 있으며, 누룩을 만드는 일이 주로 여름철에 이루어졌음을 알 수 있다.

누룩의 종류

전통누룩은 만드는 방법, 재료, 시기, 형태, 빛깔에 따라 각기 다른 이름이 붙여졌다.

즉, 재료가 밀이면 밀누룩, 쌀이면 쌀누룩, 보리를 사용하면 보리누룩이라고 하였는데, 우리 민족은 이미 삼국시대에 밀을 이용하여 누룩을 만들고 이를 발효제로 하여 술을 빚었으며, 이후에는 보리와 녹두, 찹쌀, 멥쌀을 이용한 누룩으로 술을 빚는 등 다양한 술 빚기를 해왔다. 한편, 함경도 지역에서는 귀리, 겉보리, 피 등에 술지게미를 섞어 찐 것을 누룩의 원료로 이용해왔다.

만드는 시기에 따라서는, 봄(1～3월)에 만들면 춘곡(春麴), 여름(4～6월)에 만들면 하곡(夏麴), 가을(7～9월)에 만들면 추곡(秋麴) 또는 절곡(節麴)이라고 하였고, 겨울(10～12월)에 만들면 동곡(冬麴)이라고 불렀다.

또 형태에 따라서는 원료를 가루 내어 일정한 형태로 뭉쳐서 만든 것이면 병곡(餠麴 : 막누룩, 조곡粗麴), 낱알이나 곡분으로 만들면 산곡(散麴 : 흩임누룩)으로 부르고, 빛깔에 따라서는 황곡(黃麴), 백곡(白麴), 흑곡(黑麴), 홍곡(紅麴)으로 구분하였다. 각각의 곰팡이 색깔에 따라서 누룩곰팡이의 종류도 달라지는데 황곡균, 백곡균, 흑곡균, 홍곡균 등으로 분류한다. 우리나라의 누룩곰팡이는 황곡균이 주종을 이루는데, 술의 풍미와 향취가 가장 좋다.

누룩은 8월에서 10월 사이에 만드는 추곡 또는 절곡이 병곡 형태로 주로 이용되었으며, 〈주세법(酒稅法)〉을 발표한 이후에 분곡은 약주, 청주, 과하주 등 고급술에 주로 이용되었고, 조곡은 탁주와 소주용 누룩으로 쓰이는

산곡(흩임누룩) 완성된 누룩이 쌀알의 형태를 그대로 유지하는 한편, 덩어리(떡)가 되지 않고 낱알로 흩어지게 된다. 이처럼 곡물이 '낱알 낱알로 흩어진다' '쉽게 부서진다' 하여 산곡(散麴)이라고 하며, 일반적인 방법인 떡누룩(병곡)과는 구별한다.

경향을 띠었다. 개화기에 이르러서는 각 지방마다 소주 공장이 생겨나면서 이른바 소주제조용 누룩, 즉 흑곡이 생산되면서 전통적인 방법의 누룩은 생산이 감소되었다. 그러나 어떠한 누룩이든 그 용도는 술을 만드는 곰팡이를 ·번식시킨 것이며, 그 재료는 곡류이다.

지방별 누룩의 형태와 발효

누룩은 각 지방마다 독특한 기후의 영향으로 모양과 제조법, 발효기간에서 차이를 나타낸다. 그 예로 서울을 비롯한 경기, 영남 지방에서는 성형한 누룩을 짚으로 싼 후 온돌방에 쌓아서 4~5일간 띄우고, 호남과 충청도 서해안 지방에서는 짚으로 묶고 실내의 시렁이나 천장에 매달아서 10~30일에 걸쳐 띄우는 것이 일반적이다.

그리고 서울을 비롯하여 경기, 영남 지방의 누룩은 그 형태에 있어 편원형(片圓形) 또는 원반형(圓盤形)이고, 호남과 충청도 지방의 누룩은 원추형(圓錐形)과 모자형(帽子形), 방형(方形, 正方形)을 많이 이용하는 등 지방별 환경에 따라 형태에서도 차이를 보이고 있다.

여기에는 지리적 환경과 기후에 적응하는 과학적 원리와 조상들의 지혜가 깃들어 있다. 다시 말해서 서울을 비롯하여 경기, 영남 지방은 산이 높기 때문에 하루 중 일조량이 적어 두꺼운 누룩을 건조시키기에 적합치 못한 환경이다. 반면, 호남과 충청도 서해안 지방은 산이 낮아 일조시간이 길기 때문에 누룩이 두꺼워도 충분한 건조가 가능하다.

성형을 끝냈을 때 누룩의 두께가 너무 두꺼우면 발효(띄우기)시 누룩의 한가운데 부분이 썩기 쉬우며, 건조가 잘 되지 않아 좋은 누룩을 만들 수 없기 때문인데, 누룩을 슬슬 밟게 되면 오히려 반대 현상이 일어난다.

다시 말해서 누룩이 너무 두꺼우면 한가운데 부분의 수분이 발산되지 않고 남아 썩게 되는 반면, 바깥 부분(겉면)은 수분이 없이 말라 있게 되므로, 발효가 끝난 상태가 되어 결국 좋은 누룩이 될 수가 없다. 또 누룩이 너무 얇으면 발효시 곰팡이가 충분히 번식하지 못한 상태에서 건조되어 버리므로, 역시 품질이 좋은 누룩을 만들 수가 없다. 이렇게 되면 누룩의 내부온도가 높아져서 부패되기 쉽고 건조가 어려워진다.

누룩의 지름이 짧거나 얇으면 수분이 빨리 발산되어, 누룩곰팡이나 효모균의 침투가 충분히 이루어지지 않는 데다 숙성이 잘 되지 않는 것은 물론이고, 술을 빚었을 때 향미가 좋지 못하며 술지게미가 많아져서 술의 양이 적어진다. 이러한 예는 같은 발효식품인 장을 발효시킬 때 사용되는 장독, 항아리의 형태에서도 찾아볼 수가 있다.

다양한 누룩 모양 누룩의 형태는 각 지방마다 차이를 보이는데, 서울을 비롯한 경기, 영남 지방은 편원형(片圓形), 원반형(圓盤形)을, 호남과 충청도 지방에서는 원추형(圓錐形)과 모자형(帽子形), 방형(方形, 正方形)을 많이 이용한다.

또 누룩의 제조 과정에서 좋은 재료, 좋은 환경, 적당한 수분과 온도 못지 않게 중요한 것은, 얼마만큼 잘 디뎠는가에 있다. 누룩 디디기는 그 정도에 따라 품질이 달라진다고 할 정도로 중요하다.

이와 관련한 조운흘(趙云仡)의 고사가 유명하다. 조운흘은 조선시대 사람으로 강릉의 태수(太守)로 봉직(奉職)했는데, 그의 집 술맛이 좋기로 소문이 나서 원근의 친구며 지기(知己)들이 술을 얻어 마시기 위해 찾아오므로, 매일같이 술손님들이 끊이질 않았다.

손님 접대에 지친 조운흘이 누룩을 디디는 하인들에게 "슬슬 밟으라."고 명하니, 과연 술맛이 시큼하고 박하였다. 손님들이 찾아오면 "술맛이 시고 맛이 없어 더 이상 못 마시겠다."면서 술상을 물리치게 했다고 한다.

누룩은 평양, 원산(만두형), 공덕동, 효제동, 남한산성의 산성, 유천, 선산, 동래의 산성, 목포(삼합 : 컵형), 온양, 평택, 통도사, 범어사, 옥천사, 해인사 곡자가 유명했다.

사용 전 보관과 법제, 법제 후 보관

잘 띄운 누룩은 햇볕이 잘 들고 통풍이 잘 되는 곳에 쌓아 두거나, 두 겹으로 만든 종이봉투에 담아 선반이나 시렁, 높은 곳에 매달아 놓고 필요할 때마다 내려서 사용하는 것이 좋은데, 무엇보다 건조하고 통풍이 잘 되고, 주변의 습기로부터 영향을 받지 않는 곳에 보관해야 한다.

누룩을 이용하여 술을 빚을 때는 반드시 '법제(法製)'를 거치도록 해야 한다. 법제란 누룩을 사용하기 2~3일 전에 용도에 따라 밤톨 크기, 콩알 크기, 거친 가루 또는 고운 가루로 빻아 밤낮으로 햇볕과 이슬을 맞혀서 살균과 냄새 제거, 표백을 하는 과정을 말한다. 반드시 이 과정을 거친 후에라야 좋은 술 빚기가 가능하며, 모든 술에 법제한 누룩을 사용하는 것을 원칙으로 한다.

법제는 술의 발효시 산패(酸敗)를 막기 위한 전통적인 방법으로 우리 조상들에 의해 행해져 왔다. 발효를 안전하고 원활하게 도모하기 위한 방법이 주모(밑술)를 이용하는 방법인데, 단양주의 경우 발효가 더뎌지면 효모의 활성이 이루어지기 전에 오염균의 침입 또는 잡균 증식에 의한 산패를 초래할 수 있게 되는데, 이때 누룩 속의 젖산균은 자연적으로 발생하여 젖산을 생성, 오염균이나 잡균의 증식을 막아주게 된다. 그런데 문제는 이 젖산균의 번식이 지나쳐 오히려 효모의 번식을 억제하게 되고 결국 산패가 일어난다. 때문에 누룩이나 조효소제를 입국 없이 술을 빚으려면 젖산이나 구연산을 넣어주어야 한다. 이 과정을 '보산(補酸)'이라고 하는데, 보산을 하지 않으려면 반드시 주모(酒母)를 사용해야 한다.

따라서 법제는 햇볕의 자외선을 이용한 잡균 살균과 누룩곰팡이의 색깔

법제 누룩을 사용하기 2~3일 전에 용도에 따라 크기를 달리하여 밤낮으로 햇볕과 이슬을 맞혀서 살균과 냄새 제거, 표백을 하는 과정을 말한다. 이 과정을 거친 후에라야 비로소 좋은 술 빚기가 가능하다.

에 의해 술 빛깔이 검어지고 탁해지는 것을 막기 위한 표백 효과, 바람에 의한 나쁜 냄새 제거(탈취) 효과, 그리고 이슬과 햇볕에 의한 수분 공급과 가온 효과 등으로 누룩곰팡이와 효모 증식을 유도하여, 보다 안전한 발효를 도왔던 것이다.

법제는 술을 빚기 전에 반드시 행하여야 하고, 사용하고 남은 누룩이 있으면 다시 위의 요령으로 보관하되, 장마철이 되거나 더워지는 여름철에는 비닐봉투에 여러 겹으로 싸서 냉장보관하여 사용하는 것도 한 방법이다.

그리고 다음 술 빚기에 이용할 때는 다시 반복하여 법제를 하는 것이 좋은데, 절대로 눈이나 비를 맞혀서는 안 된다. 법제를 해야 하겠는데 일기가 고르지 못하거나, 장시간 외출을 해야 할 경우에는 유리나 두꺼운 투명비닐을 덮어주는 것도 좋은 방법이다.

누룩을 이용한 술 빚기

누룩이 준비되었으면 전통주를 빚어보자.

전통주는 대부분이 곡주(穀酒)이자 발효주(醱酵酒)로서, 발효가 끝나 다 익은 술을 어떤 방식으로 거르느냐에 따라 청주(淸酒)와 탁주(濁酒)로 나뉘고, 이 두 술을 증류기(蒸溜器)를 이용하여 알코올 함량이 높고 맑은 술을 추출해낸 것이 소주(燒酒)이다. 그 밖에 전통주는 술의 형태와 제조 방법, 부재료의 사용 여부, 술 빚는 시기, 술 빚는 횟수 등에 따라 다양하게 구분되지만, 여기서는 누룩을 이용한 술 빚기의 과정만을 지켜보고자 하므로 가장 일반적인 분류인 청주와 탁주 빚는 법만을 살펴보겠다.

청주는 밑술과 덧술을 준비하여 이를 맑게 걸러낸 술이다. 밑술은 먼저 쌀을 불려 가루를 낸 뒤 죽을 쑤고, 차게 식힌 뒤에 누룩가루를 잘 섞어 버무린다. 이때 좋은 누룩을 써야 발효가 잘 되며, 누룩가루가 덩어리진 것이 없도록 손으로 힘껏 주물러주는 것이 중요하다. 그런 다음 이 술밑을 술독에 담아 안치고 면보자기와 뚜껑을 덮고, 두꺼운 솜이불로 술독을 싼 뒤 따뜻한 실내(실내온도 22~25℃)에서 하루 또는 하루 반나절 정도 발효시킨다. 하루 정도 지나면 이불과 뚜껑, 면보자기를 벗겨내고 찬바람을 쐬어준다. 이때 술독은 후끈거릴 정도로 따뜻하고, 뚜껑을 열어보면 매운 냄새(CO_2)가 심하게 나며 술덧 표면에서는 수많은 공기방울이 터지고 있다. 찬바람을 쐰지 4~5시간이 지나 술독이 밑바닥까지 차가워지면 다시 원래대로 밀봉하고 냉각시키기 전의 실내온도보다 낮은 곳에서 1~2일간 지낸다. 밑술을 안친 지 2~3일이 지나면 완성된 것으로 보고, 덧술을 준비한다.

덧술은 찹쌀을 불려 고두밥을 짓고 이것을 식힌 다음, 여기에 물과 앞서 준비한 밑술을 부어 잘 섞이도록 치댄다. 재료가 잘 섞여야 이상발효와 산패를 막을 수 있으므로 가능한 한 오래 치대는 것이 중요하다. 이러한 술 버

청주 거르기 몇 개씩 떠올라 있던 고두밥알과 누룩찌꺼기가 다 가라앉아 더 이상 보이지 않고, 공기방울도 더 이상 생기지 않을 때 술이 다 익은 것이다. 이때 용수를 술독에 박으면 용수 안에 청주가 걸러진다. 처음에는 뿌옇지만 시간이 지나면서 맑아진다.

무리기가 끝나면 새 술독에 담아 안친다. 밑술 빚을 때와 같은 방법으로 2~3일간 발효시킨 다음 찬바람을 쐬어준다. 약 42~48시간(실내온도에 따라 조금씩 달라짐) 동안 찬바람을 쐬어주고 4~5시간이 지나면 다시 밀봉하여 4~5일을 지낸다. 술독이 차가워지면 떠올라 있던 하얀 고두밥알과 누룩찌꺼기가 가라앉기 시작하는데, 다 가라앉고 공기방울도 더 이상 생기지 않을 때가 술이 다 익은 것이다.

이때 술독 한가운데 용수를 박아서 다음날 맑게 고인 술을 조심스레 퍼내면 청주를 얻을 수 있다. 청주를 다 떠내고 다음날이 되어도 더 이상 맑은 술이 고이지 않을 때, 체를 이용하여 술덧에 찬물을 쳐가면서 비벼대면 탁주인 막걸리를 얻을 수 있다.

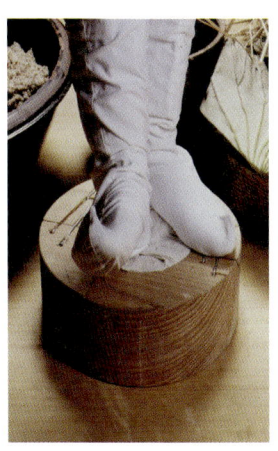

제2부

밀과 보리가 주원료인 누룩 (맥곡)

주곡방문 酒麴方文

〈규곤시의방〉의 '주곡방문'은 일반적으로 가장 널리 쓰이는 조곡(粗麴) 제조법을 소개하고 있다.

기록에 "음력으로 6월에 디디면 좋고 7월 초순도 좋다."고 하였으며, "더울 때는 마루방에 두 둘레씩 재워 놓고 자주 뒤집어 놓으며, 썩을 염려가 있으면 한두 차례씩 바람벽에 세워 건조시키면서 띄우라."는 설명을 달아 놓고 있다. 이 것은 밀가루 반죽이 질어졌을 경우를 설명하는 것이다.

또 비가 올 때는 물을 끓여서 사용하라든가, 날이 서늘하면 짚방석을 깔고 서너 둘레씩 재워 띄우고 짚방석으로 덮어주고, 역시 썩지 않도록 자주 뒤집어줄 것을 당부하고 있다. 누룩을 띄울 때 자주 뒤집어주는 일은 고른 발효와 수

분의 균일한 분포를 위한 것이므로, 번거롭지만 재료의 상태, 시기별 온도와 습도 관리, 특히 발효온도와 유지 관리에 정성을 들여야 한다. 온도와 습도, 발효시의 품온 관리가 누룩의 품질을 결정짓기 때문이다.

특히 밀기울 중심의 누룩은 누룩곰팡이가 지나치게 피는 수가 있는데, 이 경우 술 빛깔도 아름답지 못하거니와 쓴맛이 강하게 나타나고 누룩 냄새가 심해 거부감을 준다.

—〈규곤시의방(閨壺是議方)〉

누룩 재료

밀기울 5되, 물 1되

준비 물품

누룩틀, 면보자기, 자배기, 물동이, 바가지, 볏짚

디디는 법

1. 밀기울 5되를 물 1되와 섞어 골고루 버무린다.

2. 누룩틀 안에 면보자기를 물에 적셔 꼭 짠 후에 펴서 깔아 놓는다.

3. 밀반죽한 것을 누룩틀 안에 꼭꼭 다져 채운다.

4. 다 채웠으면 보자기로 싼다.

5. 누룩틀 위에 올라가 발로 밟되, 발뒤꿈치로 힘껏 단단히 밟는다.

6. 단단히 밟아졌으면, 틀에서 빼낸다.

7. 성형한 누룩을 볏짚에 켜켜이 묻어 20일가량 띄운다.

8. 완성된 누룩.

조곡 粗麴

〈규곤시의방〉의 '주곡방문(酒麴方文)'을 비교적 쉽고 자세하게 풀어 쓴 것으로, 가장 기본이 되는 누룩 제조 방법이라고 할 수 있다. 거의 모든 병곡(餠麴, 반듯하게 썰어 둔 설기처럼 모가 나거나 시루떡처럼 둥글게 디디어 띄운 누룩)은 이 방법에 의해 반죽하고 디디고 띄우기를 해도 큰 문제가 되지 않는다. 여러 차례, 다양한 종류의 누룩을 예의 방법대로 실습해본 결과, 만족할 만한 결과를 얻을 수 있었기 때문이다.

자고로 누룩을 비롯하여 전통의 가양주들은 저마다의 다양한 재료와 가풍에 따른 고유한 방문을 유지해왔다. 이러한 배경은 우리 전통주가 그나마 단절되지 않고 그 맥을 이어온 바탕이 되기도 하였지만, 한편으로는 보다 합리적이고 과학적인 접근이 이루어지지 못한 채 편협하게 굳어지고, 자신만의 방법을 고집한 나머지 여러 가지 문제점을 초래하는 결과로 나타났음을 부정할 수 없다. 즉, 다양한 방법의 누룩을 만들어보고 직접 술을 빚어 비교하여 보지 않고서는 자신의 방법 또는 가문비법이 어떤 장점이 있

는지, 또 문제점이 무엇인지를 알지 못한다는 데 문제가 있다. 그런 의미에서 이 방문은 전통누룩의 균일화, 표준화를 위한 방법이 될 것이다.

— 〈규곤시의방(閨壼是議方)〉

누룩 재료

통밀 1말, 물 2되

준비 물품

누룩틀, 면보자기, 절구, 절굿공이, 자배기, 중간체, 물동이, 바가지, 볏짚(말린 쑥)

디디는 법

1. 통밀을 깨끗이 씻어 볕에 바짝 말린 뒤 절구로 거칠게 찧거나 방앗간에 가져가 2회 정도 빻는다. 사진은 맷돌로 빻는 모습.

2. 자배기에 빻은 밀을 담고 체를 이용하여 하얀 밀가루를 30% 정도 제거한다.

3. 준비한 분량의 물을 뿌려가면서 반죽을 한다. 반죽할 때 반죽의 정도와 물의 양을 잘 조절하는 것이 매우 중요하다.

4. 반죽의 정도는 손으로 쥐어서 손바닥에 밀가루가 묻지 않고 반죽이 잘 뭉쳐진 상태, 그리고 손바닥에 물기가 거의 느껴지지 않는 상태가 가장 적당하다.

5. 준비한 누룩틀 안에 면보자기를 깔고 반죽을 단단히 다져 넣는다.

6. 보자기를 오므러서 한가운데 위치로 오게 한 다음, 발로 단단히 밟는다. 누룩틀에서 빼낼 때 반죽의 형태가 일그러지거나 뒤틀리지 않게 조심해야 한다. 틀에서 빼낼 때 벌어지지 않도록 누룩틀 밑에 자그마한 받침을 받쳐 놓고, 누룩틀의 모서리를 마주 잡고 약간 힘을 준 다음, 다른 쪽의 모서리를 힘껏 눌러준다.

7. 틀에서 빼낸 애누룩은 보자기를 벗기고 준비한 볏짚이나 쑥을 깔고 위를 덮어 발효에 들어가는데, 이틀이나 사흘 간격으로 5~7회 자리를 바꿔주길 계속한다. 맨 밑에 있던 것은 가운데로, 가운데 있던 것은 맨 위로, 맨 위에 있던 것은 맨 밑으로 가도록 바꿔 쌓기를 해주어야 한다. 같은 방법으로 10~21일간 계속하여, 누룩의 표

면에 하얗거나 노르스름한 곰팡이, 또는 불그스름한 곰팡이가 솜털처럼 골고루 피어 있으면서 차갑고 단단하면 띄우기가 끝난 것이다.

8. 짚이나 쑥 등 깔고 덮었던 것을 벗겨내고, 바람이 잘 통하고 그늘진 곳에 내다 건조시킨다. 건조 방법은 누룩 속의 수분을 최대한 없애야 저장성이 좋다.

9. 충분히 건조시킨 누룩은 그늘지고 바람이 잘 통하는 시렁이나 선반 위에 보관한다.

추모곡 秋麰麴

추모곡은 자전풀이 그대로 가을보리로
디딘 누룩이란 뜻이다. 가을보리를 수확
시기에 맞춰 디디면 하절(삼복)에 디딘
누룩보다 품질이 뛰어난 데에서 추모곡
이란 이름을 붙이게 된 것 같다.

우리나라의 여름은 특히 온도와 습도가
높아 특별히 관리를 해주지 않더라도 누
룩곰팡이와 효모의 증식이 잘 일어나기
때문에 이 시기에 누룩을 띄우게 된다.
그런데 지나치게 습도가 높아지면 누룩
곰팡이의 증식이 지나치게 되고, 자칫 검

은곰팡이의 증식과 냄새 또한 심해지는 단점을 초래하게 된다.

이러한 결과는 술의 주질이나 빛깔과도 밀접한 연관을 갖게 되므로 습도가 높은 여름철을 피하여 가을철에 띄우는 방법을 꾀해왔다. 가을철에 띄운 누룩을 '추곡(秋麴)' 이라고 하지만 다른 이름으로 '절곡(節麴)' 이라고 부르는 이유가 여기에 있다. 절곡이란 말 그대로 '품질이 뛰어난 누룩' 이라는 뜻이다.

보리로 누룩을 디딜 때에는 밀누룩 때보다 더 곱게 빻도록 하고, 물을 더 주어 오랫동안 치대야 한다. 보리에는 밀에 많은 글루텐이 적기 때문에 반죽이 잘 뭉쳐지지 않는 단점이 있어, 자칫 수분 부족으로 균열이 생기기 쉽고 그 결과 건조가 빨라 품질이 떨어지게 되므로 유의한다.

— 〈증보산림경제(增補山林經濟)〉

누룩 재료

가을 통보리 1섬, 물 2말

준비 물품

누룩틀, 면보자기, 절구, 절굿공이, 자배기, 중간체, 물동이, 바가지, 볏짚, 이불

디디는 법

1. 통보리를 깨끗이 씻어 볕에 바짝 말린 뒤, 절구로 거칠게 찧거나 방앗간에 가져가 2회 정도 빻는다.
2. 자배기에 빻은 통보릿가루를 담고 체를 이용하여 하얀 가루를 제거하고 거친 가루만을 취한다.
3. 준비한 분량의 물을 뿌려가면서 반죽을 한다. 반죽할 때 반죽의 정도와 물의 양을 잘 조절하는 것이 매우 중요하다.
4. 반죽을 손으로 쥐어서 손바닥에 가루가 묻지 않고, 물기가 거의 느껴지지 않는 상태가 가장 적당하다.
5. 준비한 누룩틀 안에 면보자기를 깔고 반죽을 단단히 다져 넣는다.
6. 보자기의 네 끝을 오므려서 감고 매듭이 한가운데 위치로 오게 한 다음, 발로 단단히 밟는다.
7. 누룩틀에서 빼낼 때 누룩 형태가 일그러지거나 뒤틀리지 않게 한다.
8. 방바닥에서 띄우는 누룩으로, 볏짚과 애누룩을 층층이 쌓은 후 다시 볏짚으로 덮고 맨 위에 얇은 이불로 덮어 20일가량 띄운다.
9. 완성된 누룩. 띄우기가 끝난 누룩은 햇볕에 내놓아 바짝 말린 뒤, 바람이 잘 통하는 곳에 보관해 두고 사용하면 술의 향기가 좋아진다.

맥곡 麥麴

〈임원십육지〉의 맥곡은 '춘모곡', '추모곡'이라고도 기록되어 있다. 〈증보산림경제〉의 추모곡과 재료나 디디는 때, 디디는 방법이 거의 같은 종류의 누룩으로서, 모곡(麰麴)이라고도 한다. 문헌에 따라 다른데 〈증보산림경제〉에는 추모곡, 〈본초강목〉에

麥麴方用大麥米戎小麥連皮并水淘淨晒乾六月
六日磨碎以淘參水和作堆楮葉包裹懸過處七
十日可用本草
造麴初伏後釀處十斗趙少致洒味減矣七斗爲準
前次之小麥不拘多少磨擣二斗萬前準
淘麥綠豆取汁取辣整與綠豆汁和造日未出時
先浸綠豆取汁取辣整與綠豆汁和造日未出時
淘麴欲則豊是日人力可踏盡然後始可淘之不
可經宿踏欲極堅每圓用蓮葉蒼耳葉密裹懸當
風通凉處至十月收之造麴良好全在踏麴力頓
若不剛踏雖欲堅踏濃洒而出若不堅踏麴又剛
失不能殺米四時
豆硏磨和豆泡和水生麥末和合每圓五升人
水色甚清味且辛烈乃興麥末和合每圓五升人
堅堅踏跑布藁穰于藁穰上又厚舖生文于麴上又覆藁穰
藁索縛麴置其上又厚舖生文于麴上又覆藁穰
三四重令極燕烈三七日後麴乾則移置通過處
山林經 俗法用木造整模形如井字大如小斗
內鋪草麻子葉始淘家茂塡實模
內又舖草麻于其上即掩袱堅踏而每踏到麴之
中心瘐以趾猛葬令麴心稍凹不然心厚濕氣致
有中心爲黑之患矣
而用以釀酒味不烈至八
九月始造者用藁篇盛稻糠每一窩納一兩麴器
之置温處五六日暫出風之旋即依前卷之三七
日成糵錄志

는 맥곡이라고 기록되어 있다.

보리의 파종시기가 봄일 경우에는 춘모곡, 가을에 파종한 보리로 디딜 때는 추모곡이
라고 부르게 된다. 보리를 이용한 누룩에서는 하얀 보리쌀가루는 제거하고 보리기울
만을 사용하는 경우가 많은데, 맥곡 역시 추모곡처럼 하얀 가루를 제거하여 사용한다.
보리쌀로 술을 빚어본 사람이면 다 아는 사실로서, 이는 밀가루보다 보릿가루가, 특히
그것이 생전분일 경우에는 더욱 당화가 용이하지 않다는 것이 그 이유인데, 더욱이 보
리로 만든 맥곡은 밀누룩보다 수분 흡수가 빠르면서도 건조가 빠르기 때문에, 좋은 누
룩을 얻기가 힘들다.

맥곡 역시 추모곡에서와 같이 반죽에 유의해야 한다. 즉, 물을 더 많이 쳐서 반죽을 해
야 하고, 특히 단단히 디뎌야만 발효 도중의 균열이나 빠른 건조를 예방할 수 있다.

―〈임원십육지(林園十六志)〉

누룩 재료

통보리 1섬, 물 2말

준비 물품

누룩틀, 면보자기, 맷돌, 자배기, 중간체, 물동이, 바가지, 볏짚, 이불

디디는 법

1. 가을보리 1섬을 물에 깨끗이 씻어 햇볕에 놓아 바짝 말린다.

2. 통보리를 맷돌에 갈아 고운체에 쳐서 곱고 하얀 가루를 제거하고, 거친 가루와 보리기울만을 취한다.

3. 보릿가루에 물을 합하고, 고루 섞고 치댄다.

4. 누룩틀을 이용하여 예의 방법대로 성형한다. 사진은 성형이 끝난 누룩.

5. 준비한 볏짚을 깔고 위를 덮어 발효에 들어간다.

6. 이때 애누룩의 몸이 서로 닿지 않게 놓아야 한다.

7. 볏짚과 애누룩을 층층이 쌓고 다시 볏짚으로 덮고, 실내에서 이불을 덮어 15~21일 간 발효, 숙성시킨다.

8. 햇볕에 내놓아 바짝 말린 뒤, 바람이 잘 통하고 서늘한 곳에 보관한다. 사진은 발효가 끝난 누룩.

오메기곡

본디는 오메기술에 사용하는 누룩으로, 제주 지방에서는 토속주인 좁쌀약주와 오메기
술에 널리 사용한다.

음력으로 삼복(三伏)이 지난 후 8월에 디더서 띄우는데, 음력 10월까지 만 2개월간 띄
우고 건조시켜 보관했다가, 술 빚기 며칠 전에 가루로 빻아 햇볕에 내놓아 건조시키고,
밤에는 이슬을 맞혀가면서 법제하여 사용한다.

제주에서는 쌀이 귀하여 보리와 조를 주식으로 삼았으므로, 보리를 이용한 누룩과 조
를 이용한 오메기술을 빚어 즐겼는데, 술이 익어 위에 고인 청주는 귀한 술로 여겼으며
물을 탄 막걸리인 좁쌀약주가 대중주로 애용되었다.

경험한 바로는 〈증보산림경제〉의 추모곡이나 〈임원십육지〉의 맥곡 등 다른 보리누룩
에 비해 발효 상태나 빛깔, 향기 등 모든 면에서 품질이 뛰어났다.

참고로 오메기곡을 띄울 때 주의할 점은 항아리 안의 볏짚을 너무 자주 갈아주지 않도

록 하는 것이다. 자칫 수분이 부족하게 되어 빨리 건조되는 결과를 낳을 수 있기 때문
이다.

—제주 지방

누룩 재료

통보리(두줄보리) 1말, 밀가루 약간, 물 2되

준비 물품

오지항아리(중), 자배기, 면보자기, 종이, 볏짚

디디는 법

1. 통보리를 방앗간에 가져가 한 번 갈아서 물로 씻은 후, 다시 새 물에 10시간 정도 담가 둔다.
2. 만져보아 물러진 느낌이 들면 건져서 물기를 뺀다.
3. 약간의 밀가루를 섞고, 오랫동안 잘 치댄다.
4. 한 주먹 크기로 떼어 면보자기로 싸고 둥글납작하게 단단히 밟는다.
5. 성형이 끝난 누룩.
6. 항아리 안에 볏짚을 잘게 썰어 깔고 그 위에 애누룩을 놓는데, 누룩 사이사이에 볏짚을 끼워서 서로 닿지 않게 한다.
7. 맨 위에 다시 볏짚으로 덮고, 종이를 씌워 미지근한 곳이나 따뜻한 곳에 둔다.
8. 3~4일 간격으로 한 번씩 볏짚을 갈아주고 뒤집어주어야 발효가 잘 일어난다. 사진은 완성된 누룩.

죽곡 粥麴

우리나라 전통주 가운데 중요무형문화재로 지정되어 있는 경주의 교동법주는 흔치 않은 정통 청주이다. 흔히 고급 청주에 사용되는 누룩은 밀가루로 만든 백곡(白麴) 또는 분곡(粉麴)을 사용하는 것이 정설로 되어 있다. 그런데 이 교동법주의 제조에 사용되는 누룩은 멥쌀죽을 쑤어 반죽한 조곡이라는 데에서 교동법주의 술 빚기의 특징을 살필 수 있다.

고급 청주용 누룩은 통밀을 분쇄한 후, 밀기울을 일부분 제거한 고운 가루나 흰 밀가루만을 이용하여 디딘 분곡으로 빚는 데 반해, 교동법주의 누룩은 밀가루는 물론 일체의 밀기울을 제거하지 않고 그대로 사용하고, 물 대신 죽으로 반죽을 하여 띄운다는 점에서 차이가 있다.

교동법주가 조선 후기 궁중법에서 유래된 술이라는 점에서, 이러한 누룩이 갖고 있는 의미는 매우 크다 할 것이다.

반죽을 할 때 지나치게 질게 해서는 안 되므로, 죽을 조금씩 쳐가면서 오랜 시간 치대
면 어느 방법보다 질 좋은 누룩을 얻을 수 있다.

─경주(慶州) 교동법주곡(校洞法酒麴)

누룩 재료

통밀가루 1말, 쌀가루 5홉, 물 1되 5홉

준비 물품

누룩틀, 면보자기, 자배기, 어레미, 물동이, 바가지, 솥, 나무주걱, 볏짚(말린 쑥)

디디는 법

1. 통밀을 분쇄한 다음, 어레미로 쳐서 밀기울을 일부 제거하여 1말을 준비한다.

2. 물 1되 5홉에 5홉의 쌀가루를 풀어 넣고 죽을 끓여 식힌다.

3. 밀가루에 쌀죽을 뿌려가면서 고루 버무린다.

4. 손으로 쥐어보아 풀어지지 않을 정도로 오래 치대서 반죽하면 된다. 죽을 넣은 까닭에 오래 주물러대지 않으면 질어지기 쉬우므로, 잘 치대야 한다.

5. 누룩틀에 면보자기를 깔고 반죽을 채우고 단단히 디딘다.

6. 성형이 끝난 누룩. 잘 디뎌진 누룩은 돌처럼 단단하여 부스러지지 않는다.

7. 발효법은 일반 제법으로 하며, 특히 자주 뒤집어주어 고루 띄운다. 사진은 완성된 누룩.

죽곡 粥麴

경주의 교동법주용 누룩과 같이, 죽으로 밀가루를 반죽하여 빚는 것이 이 누룩의 특징
이다.

남원 지방의 신선주곡 역시 조곡인데, 교동법주곡과 다른 점은 찹쌀죽을 이용한다는
것이다. 찹쌀죽은 멥쌀죽보다 점성이 크므로 반죽이 질어지지 않도록 하고, 특히 건조
를 잘 해야 한다. 발효온도가 낮거나 건조가 안 되면 자칫 중심 부분이 썩을 염려가 크
기 때문이다.

따라서 물로 반죽을 할 때보다 죽의 양은 적게 들어가는데, 치대기를 오래 하면 반죽이
잘 뭉쳐지고 디디는 일도 수월한 편이나 중심 부분이 썩을 가능성이 높으므로 죽을 지
나치게 되게 만들어서는 안 된다.

또한 띄울 때 온도가 지나치게 높아서도 안 된다. 물로 반죽한 누룩보다 많이 부풀어
균열이 일어나기 쉽고, 자연 건조가 빨라져서 고른 발효를 기대하기 어렵게 될 수 있으

므로, 자주 바꿔 쌓기를 해주어야 질 좋은 누룩을 얻을 수 있다.

—남원(南原) 신선주곡(神仙酒麴)

누룩 재료

통밀가루 2말, 찹쌀가루 5홉, 물 3되 5홉

준비 물품

누룩틀, 면보자기, 자배기, 어레미, 물동이, 바가지, 솥, 나무주걱, 짚(말린 쑥)

디디는 법

1. 통밀을 분쇄한 후, 어레미로 쳐서 밀기울을 일부 제거한다.

2. 물 3되 5홉에 5홉의 찹쌀가루를 풀어 넣고 죽을 끓여 식힌다.

3. 통밀가루에 찹쌀죽을 뿌려가면서 고루 버무린다.

4. 손으로 쥐어보아 풀어지지 않을 정도로 오래 치대서 반죽하면 된다. 죽을 넣은 까닭에 오래 주물러대지 않으면 질어지기 쉬우므로, 잘 치대야 한다.

5. 누룩틀에 면보자기를 깔고 반죽을 채운다.

6. 발로 단단히 디딘다.

7. 누룩틀에서 빼낼 때는 누룩 형태가 일그러지거나 뒤틀리지 않게 한다.

8. 잘 디뎌진 누룩은 돌처럼 단단하여 부스러지지 않는다.

9. 발효법은 일반 제법으로 하며, 특히 자주 뒤집어주어 고루 띄운다.

공병곡 孔餠麴

우리나라의 전통누룩은 대개가 병곡(餠麴)이다. 병곡은 반듯하게 썰어 둔 설기처럼 모가 나거나 시루떡처럼 둥글게 디디어 띄운 누룩을 말한다. 따라서 공병곡은 누룩의 중심 부분에 구멍을 뚫어 놓은 누룩을 가리키는데, 누룩을 디딜 때 중심 부분에 구멍을 뚫어서 발효시킬 때 수분 건조가 이루어지지 않아서 중심 부분이 썩는 것을 막기 위해 만들어지게 되었다.

이러한 공병곡은 흔치 않다. 반죽이 질어졌을 때, 누룩이 크거나 두께가 있을 때 방편으로 만들었던 누룩인데, 옛 문헌으로는 중국의 〈제민요술〉에 수록되어 있는 '신곡(神麴)' 등에서 찾아볼 수 있으며, 국내의 전통주에서는 유일하게 울릉도 지방에서 목격된다.

누룩을 디딜 때 대나무를 잘라 만든 대롱 같은 것을 누룩틀 한가운데 놓고 반죽을 채우거나 다 디딘 후에 구멍을 뚫기도 하는데, 후자의 경우 주위가 부스러지지 않도록 주의

해야 한다. 자칫 균열이 생겨 띄우는 과정에서 부스러지기 때문이다.

—울릉도 엿탁주곡

누룩 재료

통밀 1말, 물 2되

준비 물품

누룩틀, 면보자기, 자배기, 물동이, 바가지, 절구, 고운체, 통대나무조각, 볏짚(말린 쑥)

디디는 법

1. 통밀을 깨끗이 씻어 볕에 바짝 말린 뒤, 절구로 거칠게 찧는다.

2. 자배기에 빻은 밀을 담고 고운체를 이용하여 하얀 밀가루를 제거한다.

3. 통밀가루에 준비한 분량의 물을 뿌려가면서 오래 반죽을 한다.

4. 반죽을 손으로 쥐어서 손바닥에 밀가루가 묻지 않고, 물기가 거의 느껴지지 않는 상태가 가장 적당하다.

5. 준비한 누룩틀 안에 면보자기를 깔고 반죽을 단단히 다져 넣는다.

6. 보자기를 오므려서 감고 매듭이 한가운데로 오게 한 다음, 발로 단단히 밟는다.

7. 틀에서 빼낸 애누룩은 한가운데 부분에 구멍을 뚫어서, 예의 방법대로 띄워 갈무리한다.

8. 완성된 누룩.

곡 麴

〈임원십육지〉의 곡은 전형적인 조곡으로서 민가에서는 '섭누룩'이라고도 부른다. 밀을 갈아서 하얀 밀가루를 제거하면 비교적 거친 가루가 남게 되는데, 이처럼 하얀 밀가루가 일부 섞인 밀껍질들을 밀기울이라고 한다. 밀기울 중심의 누룩은 구수한 맛과 함께 술에 향미가 좋아지는 장점은 있으나, 술 빛깔이 짙어진다는 점은 단점으로 지적된다.

이 누룩의 특징은 정방형의 누룩틀에 반죽을 채우고 피마자잎으로 덮어서 성형한 뒤 볏짚에 묻어서 발효시킴으로써, 누룩에 초취(草臭)를 불어넣는다는 것이다. 이렇게 하면 피마자잎의 향취와 함께 야생의 누룩곰팡이, 그리고 효모의 활착을 유도하는 효과를 얻을 수 있다. 이 역시 민가에서 쑥잎이나 국화의 줄기와 잎, 삼잎

(대마)에 묻어서 발효시키는 방법의 변형이라고 할 수 있다.

밀기울 중심의 조곡은 자칫 부풀어 오르는 스펀지 현상으로 인해 쉬이 건조되어 품질이 떨어지기 쉬우므로, 특히 반죽과 디디기에 유의해야 한다.

―〈임원십육지(林園十六志)〉

누룩 재료

통밀 10근, 피마자잎 적당량, 물 1근

준비 물품

정(井) 자형 누룩틀, 볏짚, 자배기, 물동이, 바가지, 맷돌, 중간체, 면보자기, 볏짚(빈가마니)

디디는 법

1. 통밀을 맷돌로 빻아서 가루로 만든다.

2. 찧은 밀가루를 체에 내려 하얀 밀가루를 빼고 밀기울만을 취한다.

3. 밀기울에 물을 뿌려가면서 고루 섞고, 밀기울이 물을 골고루 흡수하도록 힘껏 치대서 반죽한다.

4. 작은 되 크기의 우물 정(井) 자 형태의 누룩틀에 면보자기를 깔아 놓는다.

5. 면보자기 위에 피마자잎을 놓은 뒤 누룩 반죽을 다져 넣고, 그 위를 다시 피마자잎으로 덮는다.

6. 예의 방법대로 하여 누룩을 발로 밟아 단단히 디딘다. 사진은 성형이 끝난 누룩.

7. 볏짚이나 빈가마니를 이용하여 예의 방법대로 띄운다. 사진은 완성된 누룩.

* 〈옹희잡지(饔饎雜誌)〉에서는 "볏짚을 이어 겨를 담고 한 묶음에 한 낭쭝의 누룩을 넣고 띄워 따뜻한 곳에 두어 5~6일 만에 꺼내어 바람을 쏘였다가, 다시 묻어둔 지 21일이면 잘 뜬다."고 하고, "50~60일이면 쓸 수 있으며, 초복 후, 중복 후, 말복 전에 디더서 띄우면 좋다."고 하였다.

면곡 麵 麯

▲말누룩 【小麥麯】

밀누룩은 보리누룩과 가티 하나니 쉰진재ᄂᆞᆯ에
이리 씨서서빗쳐 맛삭만킨후에 묵실목인데 매에
가타시 민드론에 반쥭하야 덩어리를 만드러 담
나무닙사귀모 싹씨서 바람쏘이는곳에 담아두어
칠십일이면 쓰나니라

시월법은 밀ᄀᆞᆯ흘진이씨서 매에가라노되 누두
분더내기라 두부가티 ᄯᅳᆫᄯᅳᆫ하고 난익키거든 짓의
너늙두반에 부비면 쏙 부빈기와가티 ᄯᅳᆯᄲᅵᆺ이신이
筋고 ᄯᅩ 멘고신씩갓저니 그제야 민가루와 ᄒᆞᆷ라
야삭근데애 다되식 만드리 ᅀᆞᆯ애ᄂᆞ고 단단이 밤
바기 시믄우레 진울갈고 진우네 만우ᄉᆞᆨᄉᆞᆯ 둑김
개고 섥기모 누룩드된것슨 둥이내여 쑥귀에노
코다시 셕숙을 둑기개피고 다 쇠ᄃᆡ의린지 삼처ᄂᆡ후
캐누밧을세내ᄀᆡᆼ웅하고 만리서 바담쏘하는곳에 단아
두나니라

다 반죽이 쉽고 밀가루에서 생성된 글루텐에 의해 결착력이 좋아져 발효 중에 누룩이 균열이 생기는 것을 예방할 수 있다는 장점이 있다.

다만, 주의할 일은 날물을 이용하였을 때보다 물의 양을 줄여야 한다는 것이다. 통밀가루 1말당 날물 2되 분량이 소용되는 것이 일반적인데, 밀을 물에 탄 물을 이용할 경우에는 물의 양이 적어도 반죽의 결착력이 좋아지므로, 동일한 양의 물을 사용하게 되면 반죽이 질어져 자칫 썩을 염려가 있기 때문이다. 이 누룩을 볏짚 속에 묻지 않고 닥나무잎으로 싸서 시렁에 매달아 띄우는 이유가 여기에 있다.

이 누룩을 속성주인 '칠일주(七日酒)'에 사용한다고 기록되어 있는 것으로 미루어, 시렁에 매달아 띄움으로써 여느 누룩에 비해 역가(力價)는 떨어질 것으로 여겨진다.

―〈조선무쌍신식요리제법(朝鮮無雙新式料理製法)〉

누룩 재료

통밀 1말, 닥나무잎 2말, 물 2되

준비 물품

누룩틀(1~2되 크기), 맷돌, 면보자기, 자배기, 물동이, 바가지, 볏짚

디디는 법

1. 6월 6일에 통밀을 깨끗이 씻어 물기를 뺀 다음, 볕에 바짝 말려서 맷돌에 갈아 거친 가루를 만든다.

2. 밀뜨물을 얻는다(맷돌에 간 밀가루 5홉 정도를 물에 풀어 넣고 비벼서 뜨물 같은 물을 얻는다).

3. 통밀가루에 밀뜨물을 적당량 넣고, 고루 버무려서 된 반죽을 만든다.

4. 누룩틀에 1~2되 분량의 밀가루 반죽을 채워 넣고, 단단히 디뎌서 성형한다.

5. 성형한 애누룩을 닥나무잎으로 싼 후, 볏짚으로 끈을 만들어 묶는다.

6. 바람이 잘 통하는 곳의 시렁에 밑누룩을 매달아 70일간 띄운다.

7. 완성된 누룩.

신곡 神麴

又造神麴法其麥蒸炊生三種齊等與前同但無復
阡陌酒脯湯餠祭麴王及童子手團之亭亭渡欲剛擣欲
麥三種合和細磨之七月上寅日作麴渡欲滿於平
粉細作餠於地閉塞窻戶密泥縫隙勿令通風七日
板上麴餅於地閉塞窻戶密泥縫隙徑五寸厚一寸五分於平
布麴成矣任意舉還密泥亦不用甕或甕音則麴烏
翻之二七日聚之皆還密泥三七日出外日中暴之
令燥腹者遠孔黑爛若欲多作者任人耳但須三麥
腹烏腹者遠孔黑爛亦不用甕或甕音則三麥
蕈等不以三石爲限若此麴一斗殺米三石
殺米六斗省費懸絶如此用七月七日焦麥糵麴及蕈
酒麴皆笨麴法

신곡의 특징은 재료를 3등분하여 각각 찌거나 볶고 날것으로 하되 다 같이 분쇄하여 섞고 반죽한다는 것으로, 오래 전의 누룩 디디는 법을 이해할 수 있는 부분이다. 미생물의 생육 환경에 대해 전문적인 지식이 없었을 때에도 인위적인 미생물의 접종법을 동원하고 있음을 알 수 있다.

신곡을 디딜 때는 밀누룩에 비해 물의 양을 늘려 잡아야 하는데, 특히 볶은 보릿가루는 수분 흡수율이 높아 물이 적게 되면 발효 중 빨리 건조되는 단점과 함께 균열이 심해지기 때문이다.

〈제민요술〉의 신곡은 '신곡서미주(神麴黍米酒)'에 이용하는 누룩이다. 신곡서미주란, 이 신곡을 발효제로 하여 쌀(기장)을 주재료로 세 번 빚는 술인데, 덧술의 양을 밑술보다 점차 줄여서 세 번 빚는 과정으로 이루어지므로, 이로 미루어 역가가 높은 비교적 품질이 좋은 누룩은 아니라고 여겨진다.

〈제민요술〉에 수록된 것으로 미루어, 누룩의 제조법이 발달하지 못했던 시기에는 이렇듯 보리누룩이 많이 쓰였지만, 다양한 누룩 제조법의 등장과 함께 점차 모곡(麰麴)의 용도가 한정되었음을 생각해볼 수 있다.

방문에 동향 문이 있는 집에서 띄우라고 한 것을 볼 수 있는데, 이는 동쪽이 양기가 강한 방향이라는 점에서 누룩이 부정 타지 않고 잘 되기를 바라는 주술적 의미를 담고 있다고 여겨진다.

— 〈제민요술(齊民要術)〉

누룩 재료

통보리 3섬, 물 6말

준비 물품

누룩틀(지름 5치, 두께 1치 5푼 크기), 면보자기, 맷돌, 자배기, 물동이, 바가지, 통대나무조각, 볏짚

디디는 법

1. 7월 첫 인일(上寅日)에 보리 3섬을 물에 깨끗이 씻어 볕에 내놓고 바짝 말린다.

2. 통보리 1섬을 시루에 쪄서 볕에 내다 말려 차게 식힌다.

3. 다른 1섬은 솥에 볶는다.

4. 나머지 1섬은 날것으로 하여 각각 맷돌에 갈아 가루를 만든다. 사진은 맷돌에 갈아 낸 각각의 가루.

5. 각각의 가루를 한데 합하고, 물 6말을 섞어 고루 치대 반죽한다.

6. 반죽한 보릿가루를 지름 5치, 두께 1치 5푼의 크기의 누룩틀에 넣고 디딘다.

7. 그런 다음, 가운데에 구멍을 뚫는다.

8. 밑누룩을 동향 문이 있는 집에서 21일간 발효, 숙성시킨다. 사진은 완성된 누룩.

신곡 2 神麴

又神麴法以七月上寅日造不得令雞狗見及食音
麥多少分爲三分蒸炒二分正等其生者一分一石
上加一斗半各細磨和之溲時微令剛足与熟揀爲
佳使童男小兒餅之廣三寸厚二寸須西廂京向開
戶屋中浮掃地地上布麴十字立巷令通人行四角
各造麴奴一枚訖泥戶勿令泄氣七日開戶翻麴還
塞戶二七日聚又塞之三七日出之作酒時治麴如
常法細剉爲佳

신곡은 여섯 신(六神), 곧 백호(白虎), 구진(句陳), 등사(螣蛇), 청룡(靑龍), 현무(玄武), 주작(朱雀)의 색과 비슷한 여섯 가지 식물이나 곡물을 넣어 디딘 누룩이라고 해서 유래한 이름인데, 백호를 상징하는 재료는 흰 밀가루이고, 구진은 도꼬마리, 등사는 야료, 청룡은 제비쑥, 현무는 행인, 주작은 적두(팥)이다.

이 신곡 역시 앞에서 언급한 신곡과 제조 방법, 띄우는 방법이 동일하다. 다만, 누룩틀의 크기가 다를 뿐인데, 사용되는 술의 종류가 다르다는 점에 주목할 필요가 있다. 〈제민요술〉에서 앞의 신곡

이 '신곡서미주'에 사용되는 데 비해, 신곡 2는 "조주법(2)과 나미주법(糯米酒法)에 이용한다."는 주석을 달고 있다. 여기서 '조주법(2)'이란 기장 2석(石)으로 세 번 빚는 술을 가리키고 '나미주법'은 찹쌀로 세 번 빚는 삼양주로, 신곡(2) 1말로 찹쌀 2석 4말을 삭힌다고 하니, 신곡 2는 일반적인 조곡법이지만 역가가 매우 뛰어나다고 볼 수 있다. 이와 같이 신곡과 신곡 2가 다른 용도로 사용되는 이유는, 누룩의 크기와 밀접한 관련이 있다. 누룩은 그 두께가 어느 정도 있어야 술 제조에 필요한 누룩곰팡이와 효모를 얻을 수 있고, 같은 양이라면 두꺼운 누룩이 역가가 높다는 것을 다시 한번 확인할 수 있는 계기가 된다.

— 〈제민요술(齊民要術)〉

누룩 재료

통보리 3섬 1말 5되, 물 6말

준비 물품

누룩틀(지름 3치, 두께 2치 크기), 면보자기, 시루, 솥, 물동이, 바가지, 맷돌, 볏짚

디디는 법

1. 7월 첫 인일(上寅日)에 보리 3섬을 물에 깨끗이 씻어 볕에 내놓고 바짝 말린다.

2. 통보리 1섬을 시루에 쪄서 볕에 내다 말리면서 차게 식힌 뒤 맷돌에 갈아 가루를 만든다.

3. 통보리 1섬도 솥에 볶은 뒤 맷돌에 갈아 가루를 만든다.

4. 통보리 1섬에 1말 5되를 더하여 곱게 갈아서 가루를 만든다.

5. 각각의 보릿가루를 한데 합하고, 물 6말을 섞어 되게 반죽한다.

6. 보릿가루 반죽을 지름 3치, 두께 2치의 크기로 원형의 누룩틀에 넣는다.

7. 발로 단단히 디뎌서 애누룩을 만든다.

8. 애누룩을 서쪽에 동향 문이 있는 집에서 21일간 발효, 숙성시킨다. 사진은 완성된 누룩.

진주 춘주곡 秦州 春酒 麴

作秦州春酒麴法七月作之節氣早者竰前作節氣
晚者竰後作用小麥不蟲者於大鑊釜中炒之炒法
釘大概以繩繫長柄匕匙著楸上緩火微炒其炒侯
匙如挑棹上連疾攪之不得暫停停則生然不均候
麥香貢出不用過焦然後簸擇治令浮磨不求細
細者酒不斷麤強難押預前數日刈艾擇初渫時
礰之令萎勿使有水露氣渫訖聚置經宿來晨熟擣作木範
手摑不相著者佳渫訖聚置經宿來晨熟擣作木範
之令餅方一尺厚二寸使壯士熟踏之餅成刺作孔

진주 춘주곡이란 '진주 춘주'에 사용하는 특수누룩을 가리킨다. 추측컨대, 누룩을 발효제로 한 술이 빚어졌던 초기 무렵의 술은 모두가 한 가지 누룩을 이용하였을 터이나, 밀이 아닌 다른 곡물로도 누룩 제조가 가능하다는 사실을 안 뒤부터는 보다 발효가 잘 이루어지고 향기나 빛깔이 좋은 술을 얻기 위해 다양한 누룩을 이용한 술 빚기가 시도되었을 것으로 여겨진다. 그러다가 독특한 방법의 누룩을 빚고 그 누룩을 이용하여 특수한 술을 빚는 방식이 정착되었을 것이라는 추측을 할 수가 있다.

일테면 '이화주(梨花酒)'의 이화주곡이나 '동양주(東陽酒)'의 동양주곡, '만전향주(滿殿香酒)'의 만전향주곡과 같은 종류의 누룩으로서, 이들 누룩은 빚고자 하는 술의 향기나 빛깔, 맛을 가장 잘 반영한다고 하겠다.

진주 춘주곡은 특별히 볶은 밀을 가루로 빻은 뒤 일정한 크기로 성형한 누룩으로서, 누룩의 바탕을 살균하여 성형한 까닭에 발효시 사용하는 초재(草材)에 기생하는 누룩곰팡이나 효모균이 자연적으로 접종, 증식하는 방법으로서 현대식 종균파종법의 한 유형을 보여주고 있다.

그러나 보다 바람직한 방법이라면, 물과 면보자기, 그릇 등 모든 것을 살균한 후 사용하면 더 좋았을 것으로 여겨진다.

—〈제민요술(齊民要術)〉

누룩 재료

소맥(통밀) 1말, 물 2되

준비 물품

누룩틀(각 변 1자, 두께 2치 크기), 면보자기, 솥, 자배기, 맷돌, 물동이, 바가지, 통대나무조각, 볏짚

디디는 법

1. 소맥 1말을 물에 깨끗이 씻어 햇볕에 놓아 바짝 말린 다음, 솥에 밀을 넣고 타지 않게 볶는다.
2. 볶은 통밀을 맷돌에 갈아 가루로 만든다.
3. 통밀가루에 물을 합하고, 고루 섞고 치댄다.
4. 반죽을, 4변이 각 1자, 두께 2치의 누룩틀을 이용하여 예의 방법대로 성형한다. 누룩에 구멍을 뚫는다.
5. 성형이 끝난 누룩.
6. 실내에서 15~21일간 발효, 숙성시킨다. 발효가 끝나면 햇볕에 내놓아 바짝 말린 뒤, 바람이 통하고 서늘한 곳에 보관한다. 사진은 완성된 누룩.

이곡 頤麴

作頤麴法斷理麥艾布置法悉與春酒麴同然以九
月中作之大凡作麴七月最良然七月多忙無眼及
此且頤麴然此麴九月作亦自無燥苦不營春酒麴
言自可七月中作之俗人多以七月初七日作之
崔寔亦曰六月六日七月七日可作其麴殺米多少
與春酒麴同但不中爲春酒喜動以春酒麴作頤酒
彌佳也

진주 춘주곡과 같은 재료를 사용하고 같은 방법으로 디디며 동일한 장소에서 같은 기간 동안 발효시킨 누룩으로, 진주 춘주곡의 이법(異法)으로 생각된다. 다만, 누룩을 디디는 시기가 7월과 9월이라는 점에서만 차이가 있을 뿐이고, 다 같이 한가운데에 구멍을 뚫는데, 이는 발효 후의 건조를 용이하게 하기 위한 방법이라고 하겠다.

그런데 특이한 사항은 진주 춘주곡과는 빚는 술의 종류가 다르다는 것이다. 이곡을 이용한 술로는 이주(頤酒) 외에도 '하동이백주(河東頤白酒)'와 '상락주(桑落酒)'가 있다.

누룩에 구멍을 뚫고 뚫지 않고의 여부에 따라 빚는 술의 종류가 달라진다는 사실을 어떻게 이해할 것인가. 추측컨대 이는 산지의 기후나 술 빚는 방법 등 환경에 따른 것으로 이해해야 옳을 것 같다. 이곡을 비롯하여 신곡, 진주 춘주곡 등은 우리나라와는 사뭇 다른 중국 대륙의 기후와 술 재료, 빚는 방법 등에서 상당한 차이를 나타내고 있기 때문이다.

— 〈제민요술(齊民要術)〉

누룩 재료

소맥(통밀) 1섬, 물 8말

준비 물품

누룩틀(각 변 1자, 두께 2치 크기), 면보자기, 자배기, 물동이, 솥, 바가지, 맷돌, 통대나무조
각, 볏짚

디디는 법

1. 7월이나 9월에 소맥 1섬을 물에 깨끗이 씻어 햇볕에 바짝 말린다.

2. 솥에 소맥을 넣고 타지 않게 볶은 다음 차게 식히고, 맷돌에 갈아 놓는다.

3. 통밀가루에 물을 쳐가면서 고루 섞고, 반죽하여 고루 치댄다.

4. 각 변이 1자, 두께 2치 크기의 방형 누룩틀을 이용하여 성형한다.

5. 누룩의 한가운데에 구멍을 뚫는다.

6. 실내에서 예의 방법대로 하여 21일간 발효, 숙성시킨다. 사진은 완성된 누룩.

삽곡맥곡 三斛麥 麴

凡作三斛麥麴法蒸炒生各一斛炒麥黃莫令焦生
麥擇治蒸令精好種各別磨磨欲細磨乾合和之七
月取甲寅日使童子著青衣日未出時面向殺地汲
水二十斛勿令人潑水亦可瀉却莫令人用其汲
和麴之時面向殺地和之令使絕強團麴令六團其
童子小兒亦行殺地之令使人用皆是
作麴人各置巷中假置麴餅整肝陌陌皆是
近麴人各使持行訖使主人家一人為主莫奴客為主人
地須淨掃不得穢惡令濕盡用草屋勿令瓦屋
比肩相布訖使主人家一人為主王者五人麴奴為主人
王酒脯之法濕麴
三編讀文各再拜其房欲得板戶密泥塗之勿令風
入三七日開當處翻之還令泥塗至二七日聚麴還
令塗戶莫使風入至三七日出之或著還中塗頭至
四七日穿孔繩貫日曝欲得使乾然後內之其餅麴
手圍二寸半厚九分

〈제민요술〉에서는 덧붙이기를 "삼곡맥곡은 '조주법 (1)'과 '나미주', '출서미주'에 이용한다."고 하였다. 삼곡맥곡은 보리를 주재료로 하되, 재료를 날것으로 만든 가루와 쪄서 분쇄한 가루, 볶아서 분쇄한 가루 등 세 가지 방법으로 처리한 누룩이란 뜻으로, 옛 방법에서나 찾아볼 수

있는 누룩이다.

그러나 이와 같이 만든 누룩은 날것을 분쇄하여 만든 누룩보다는 역가가 훨씬 떨어진다는 것이 단점이고, 또한 보리만을 이용한 누룩은 그 자체로 밀누룩보다 품질이 떨어진다는 것은 주지하는 바와 같다.

또한 이미 술 빚는 방법에서 여러 차례 언급하였듯이, 일반적으로 기장이나 조와 같은 잡곡으로 빚는 술은 쌀로 빚은 술에 비해 발효 상태가 그리 좋지 못하여 가루로 빻아 죽을 쑤어서 술을 빚는 데다, 맑은 술을 얻기 어렵다는 점에서 밀누룩에 비해 필요한 양이 특히 많다는 사실이 이를 증명한다.

―〈제민요술(齊民要術)〉

누룩 재료

통보리 3섬, 물 6말

준비 물품

누룩틀(지름 2치 5푼, 두께 9푼 크기), 시루, 솥, 물동이, 바가지, 자배기, 맷돌, 제비쑥, 볏짚

디디는 법

1. 7월 갑인일(甲寅日)에 보리 3섬을 물에 깨끗이 씻어 햇볕에 놓아 바짝 말린다.

2. 통보리 1섬을 시루에 안쳐 찐 다음 차게 식히고, 볕에 말려서 맷돌로 갈아 가루를 만든다.

3. 통보리 1섬을 맷돌에 갈아 가루를 만든다.

4. 1섬을 볶아낸 다음, 맷돌에 갈아 가루로 만든다.

5. 각각 마련한 보릿가루를 한데 합하고, 고루 섞고 반죽하여 치댄다.

6. 지름 2치 5푼, 두께 9푼 크기의 원형 누룩틀을 이용하여 성형한다.

7. 성형이 끝난 누룩.

8. 초가에서 (제비쑥으로 위아래를 싸서 짚으로 묶고, 시렁에 매달아) 21일간 발효, 숙성시킨다. 사진은 완성된 누룩.

제3부

밀과 쌀이 주원료인 누룩 (미곡, 분곡)

여곡 女麴

女麴 玄林稻米三斗 淨淅爲飯軟炊 停令極冷以麴 範中用手餅之 以青蒿上下罨 之置床上如作麥 麴法三七二十 一日開首徧有黃 衣則止三七日 無衣乃停 要須衣徧乃止出日日 瓜菹殺妙 麴止 出日日曝之燥則用以

造州名曰建衣 麴者之一淅 其不用竹笘 用米稻 以爲 物用明日 又 以物小 爲

〈右 林稻然 今諸製苓今器 沈作造民 以女之出 揉麴附柬 爲麴同然 覽貴而求麴 蒿衣名米不 以化布而 蒡採而燥 也之 便委情珍 快然清也 即法不之 今同用日

여곡은 흩임누룩, 곧 산국(散麴)이라고 할 수 있다. 찹쌀을 주재료로 하여 쪄서 고두밥 형태의 덩어리 누룩으로 빚어 제비쑥으로 싸서 띄우는데, 발효가 끝나면 병곡(餅麴)이었던 것이 부슬부슬 부스러져 낱알 형태로 흩어지기 때문이다.

여곡을 만들 때는 찹쌀을 씻은 뒤 불리지 말고 쪄야 고두밥이 질어지지 않으며, 성형을 한 후에도 인절미처럼 물러지지 않도록 해야 한다. 반죽

이 질어지거나 성형 후에 인절미처럼 질어지면, 발효 중에 자칫 썩을 염려가 있고 건조가 용이하지 못하기 때문이다.

가끔 뒤집어주면서 썩지 않도록 하면 처음엔 검푸른 빛깔의 곰팡이가 피다가 점차 푸른 빛깔로 바뀌는 것을 볼 수 있는데, 향취가 매우 좋다.

발효시 열이 많이 발생하여, 누룩을 싼 초록색의 제비쑥이 누렇게 바래는 것을 볼 수가 있는데, 먼지가 많이 나고 말라서 부스러지더라도 갈아주어서는 안 된다. 자칫 제비쑥의 수분을 흡수하여 썩을 염려가 있다. 건조 후에 거친 솔이나 칫솔 등으로 털어내고 법제하여 사용한다.

―〈임원십육지(林園十六志)〉

누룩 재료

찹쌀 3말, 물

준비 물품

누룩틀, 시루, 솥, 채반, 면보자기, 제비쑥, 볏짚

디디는 법

1. 찹쌀 3말을 깨끗이 씻어서 시루에 안쳐 푹 익게 찐다.

2. 찹쌀 고두밥을 고루 펼쳐서 차게 식힌다.

3. 고두밥을 한 덩어리씩 떼어 면보자기에 싸서 발로 디뎌서 켜떡 만들듯이 뭉쳐서 밑
   누룩을 만든다.

4. 제비쑥으로 밑누룩의 위아래를 싼다.

5. 제비쑥으로 싼 것을 볏짚으로 묶고 시렁에 매단다.

6. 맥곡법과 같이 21일간 띄우면 노랗게 포자가 생긴다.

7. 바람 들고 햇볕 닿는 곳에 내놓아 바짝 건조시킨 후에 쓴다. 사진은 완성된 누룩.

설향곡 雪香麴

설향곡은 "누룩의 빛깔이 눈처럼 하얗고 독특한 향기가 있다."는 뜻에서 이름 붙여진 누룩이다. 〈임원십육지〉에 등장하며 다른 문헌이나 기록, 그 외 가전(家傳) 형태의 누룩에서는 찾아볼 수 없다.

방문이 매우 독특한데, 이미 만들어 둔 누룩(분곡)을 이용한다는 점에서도 그렇고, 찹쌀가루와 밀가루를 함께 사용한다는 점에서도 눈여겨볼 만하다. 이와 같은 누룩 제조법은 조선시대에 접어들면서 누룩이 한층 다양화, 차별화되었음을 증명하는데, 무엇보다 기존 누룩을 이용함으로써 이미 증식된 누룩곰팡이와 효모를 배양하여 품질을 향상시키고자 한 노력으로 여겨진다. 따라서 백하주(白霞酒), 향온주(香醞酒)처럼 부본(腐本)이나 석임을 이용한 술 빚기의 등장과 그 맥을 같이 하는 것이라고 볼 수 있으며, 옛사람들이 누룩의 품질 개선 및 향상에 얼마나 애를 썼는지를 엿볼 수 있다.

— 〈임원십육지(林園十六志)〉

누룩 재료

밀가루 5근, 찹쌀가루 5근, 분곡 6근, 물 2근

준비 물품

누룩틀, 면보자기, 고운체, 겹체, 자배기, 절구, 물동이, 바가지, 약쑥

디디는 법

1. 밀가루로 만든 분곡을 가루로 빻아 고운체로 쳐서 6근을 준비한다.

2. 찹쌀을 깨끗이 씻어 하루 동안 불렸다가, 가루로 빻고 겹체에 내려 거친 가루를 제
   거하여 5근을 준비한다.

3. 넓은 그릇에 분곡가루와 찹쌀가루, 밀가루를 한데 합하고, 가루 1되당 물 1홉의 비
   율로 섞어 고루 버무린다.

4. 가루를 체에 내려서 재차 치댄 뒤, 누룩틀에 담고 디딘다.

5. 누룩을 틀에서 빼내어 말린 쑥에 묻어서 예의 방법대로 띄운다.

6. 완성된 누룩.

연화곡 蓮花麴

蓮花酒方
白米三升百洗浸水極此濃蒸作飯先布青蒿~上鋪飯~上布楮葉
楮葉~覆青蒿置之經七日後除去所覆蒿橘芋物待其臭蒸移
置淨処過三日後以白米三斗百洗浸之濃蒸作飯合釀於上酒本

연화곡은 '여곡'과 한 무리의 누룩이다. 만드는 방법이나 주재료가 같다는 사실이 그렇고, 띄우는 방법 또한 유사하다. 연화곡이 여곡과 다른 점은, 연화곡은 병곡이고 여곡은 산곡이라는 것, 누룩을 띄울 때 사용하는 초재가 각각 '도꼬마리 잎'과 '제비쑥'이라는 것과, 연화곡이 바닥에 두고 띄우는 방법을 취하고 있는 데 비해 여곡은 시렁에 매달아서 띄우는 점이다.

그런데 중요한 것은, 누룩 이름에 들어간 연화(蓮花)는 사용되지 않음에도 불구하고 연화곡이라는 이름을 붙인다는 점이다. 그 까닭을 알 수 없었는데, 다행스럽게도 누룩을 띄우는 과정과 완성된 누룩에서 비로소 그윽한 연화 향기를 느낄

수가 있었다. 이러한 사실에서 도꼬마리잎은 그 성분과 효능, 또 향취에서 다른 어떤 재료(초재)보다 뛰어나다는 것을 다시금 깨닫게 되었다. 도꼬마리잎이 다른 여러 가지 누룩에서 다양하게 이용되고 있는 것도 같은 이유인 것 같다.

— 〈역주방문(歷酒方文)〉

누룩 재료

찹쌀 3말, 물 5~6되

준비 물품

누룩틀(얇은 형태), 짚방석 또는 고석, 면보자기, 시루, 솥, 도꼬마리잎

디디는 법

1. 찹쌀 3말을 깨끗이 씻고 시루에 안쳐 고두밥을 짓는다.

2. 고두밥을 넓은 그릇에 담아 한 김 나가게 식혀 놓는다.

3. 한갓진 곳에 짚방석을 펴고, 그 위에 도꼬마리잎을 펴 놓는다.

4. 고두밥을 떡처럼 뭉쳐서 납작하게 만든 뒤, 펼쳐 놓은 도꼬마리잎 위에 올려놓는다.

5. 고두밥 위에 다시 도꼬마리잎을 덮어 놓는 방법으로 띄운다.

6. 따뜻한 구들이나 방바닥에 놓고 예의 방법대로 하여 7~14일간 띄운다.

7. 발효가 끝난 누룩은 건조시켜 곰팡이를 털어내고, 법제하여 사용한다. 사진은 완성된 누룩.

백곡 白麴

백곡은 찹쌀가루를 주재료로 하고 밀가루를 부재료로 섞어 빚은 분곡이라고 할 수 있는데, 반죽할 물로 연수(軟水)인 우물물을 사용한다. 찹쌀가루와 밀가루를 골고루 섞은 후에 우물물로 반죽하는데, 밀가루 중심의 분곡을 만들 때보다는 반죽이 약간 질다는 느낌이 들도록 하는 것이 좋다. 찹쌀가루는 밀가루보다 점성이 약하고 거칠어서 쉬이 건조되는 경향이 있기 때문이다.

그 요령은 합한 가루를 중간체를 이용하여 한 번 내려서, 손으로 쥐었을 때 약간 촉촉한 느낌이 들면 적당하다. 누룩틀에 담아 디딜 때에도 특히 단단히 밟아야 띄우는 도중에 깨지거나 균열로 인해 빨리 건조되는 것을 막을 수 있다.

닥나무잎으로 싸서 띄우는데, 닥나무잎이 작거나 마른 것은 좋지 못하

므로 가능한 큰잎을 이용하여 여러 겹으로 두껍게 싸매고 닥나무잎이 말랐으면 물에 담가 불린 후에 사용하면 된다. 누룩을 발효시키는 도중에 잎이 말라서 누룩이 겉으로 드러나지 않도록 하여야 한다.

— 〈본초강목(本草綱目)〉

누룩 재료

밀가루 5근, 찹쌀가루 1말, 우물물

준비 물품

누룩틀, 면보자기, 자배기, 물동이, 바가지, 중간체, 닥나무잎, 볏짚(새끼)

디디는 법

1. 밀가루와 찹쌀가루를 한데 고루 섞는다.

2. 혼합한 가루에 우물물을 적당량 뿌려서 고루 버무린다.

3. 곡물가루를 체에 내려서 가루와 물이 고루 섞이게 한다.

4. 누룩틀에 면보자기를 깔고, 반죽을 골고루 채워 발로 단단히 밟아 디딘다.

5. 성형을 마친 애누룩을 틀에서 빼낸다.

6. 애누룩을 닥나무잎으로 싼다.

7. 그런 다음, 볏짚이나 새끼로 묶어서 시렁에 매달아 둔다.

8. 50일 후에 거둬들이고 분쇄하여, 술을 빚을 때 법제한 후 사용한다. 사진은 완성된 누룩.

백곡 白麴

〈본초강목〉의 백곡과 〈임원십육지〉의 백곡은 한 무리의 분곡이다. 두 문헌의 백곡 만드는 방법에는 약간 차이가 있는데, 〈본초강목〉의 제법이 우리나라에 들어와 비교적 간편하게 제조하는 방법으로 바뀐 것으로 여겨진다.

우리나라 문헌인 〈임원십육지〉에서는 닥나무잎 대신 "종이로 싸서 새끼로 묶어 매달아 띄우라."고 하였고, 찹쌀가루 중심이던 것이 밀가루 중심으로 재료의 배합비율이 바뀐 것이 그 이유이다. 이러한 재료 배합비율의 변화는 상당한 의미를 담고 있는데, 이는 후일에 이르러 누룩의 제조 기법이 점차 발달하였음을 암시하는 것이다.

누룩을 디딜 때의 요령은 앞에 나온 〈본초강목〉의 백곡을 참

고하면 된다. 다만, 여기서는 밀가루 중심에 찹쌀가루가 부재료로 쓰인 만큼 반죽의 농
도를 적당히 해야 발효 도중에 썩거나 균열이 생기지 않는다.

— 〈임원십육지(林園十六志)〉

누룩 재료

밀가루 1상(相), 찹쌀가루 1말, 물

준비 물품

누룩틀, 자배기, 물동이, 바가지, 중간체, 종이, 면보자기, 볏짚

디디는 법

1. 밀가루와 찹쌀가루를 한데 고루 섞는다.

2. 혼합한 가루에 물을 적당량 뿌려서 축축해지도록 한다.

3. 곡물가루를 체에 내려서 가루와 물이 골고루 섞이게 한 다음 고루 치댄다.

4. 누룩틀에 면보자기를 깔고, 반죽을 골고루 채워 발로 단단히 밟아 디딘다.

5. 성형을 마친 애누룩을 틀에서 빼낸다.

6. 애누룩을 종이로 싼다.

7. 그런 다음, 볏짚이나 새끼로 묶어서 시렁에 매달아 둔다.

8. 50일 후에 거둬들이고 분쇄하여, 술 빚을 때 법제한 후 사용한다.

여곡 女麴

〈임원십육지〉의 여곡이 '분곡(粉麴, 곡물을 가루를 내어 덩어리로 만든 누룩)' 이라면 〈본초강목〉의 여곡은 '조곡(粗麴, 곡물을 거칠게 갈아서 덩어리로 만든 누룩)' 이라 할 수 있다. 또 두 문헌에 수록된 누룩은 각각 '미곡' 과 '소맥곡' 이요, '산곡' 과 '병곡' 이라는 점, 그리고 전자는 우리나라의 기록이고 후자는 중국의 기록이라는 사실에서 분명한 차이가 있다. 그런데도 불구하고 이름은 공히 여곡이라는 점에서 공통점을 띤다. 그러나 분명한 것은 〈임원십육지〉의 기록은 중국의 문헌을 참고하여 우리의 실정에 맞게 작성한 것이라는 사실에서 여곡의 뿌리를 찾아야 할 것이다.

이 방문은 밀가루를 익힘으로써 살균된 배지(培地)를 이용한 누룩 제법이라는 것과, 야생의 제비쑥에 기생하는 누룩곰팡이와 효모를 이 살균된 배지에 인공적으로 접종시키는 방법으로서, 한여름에 손쉽게 발효시킬 수 있다는 점에 의미가 있다. 그러나 이와 같은 누룩 제법은 일반적인 방법에 비해 오히려 술이 쉽게 산패되는 등 발효 상태가 좋지 못하다는 점에서 결코 좋은 누룩이라고는 할 수 없다.

— 〈본초강목(本草綱目)〉

누룩 재료

통밀가루 3말, 물

준비 물품

누룩틀, 면보자기, 맷돌, 자배기, 시루, 솥, 제비쑥, 볏짚(새끼)

디디는 법

1. 밀 3말을 맷돌에 갈아 가루를 만든다.

2. 가루를 낸 밀을 시루에 안쳐서 푹 익게 찌고, 밀떡을 고루 펼쳐서 차게 식힌다.

3. 밀떡을 치대어 인절미 만들듯이 뭉쳐서 밑누룩을 만든다.

4. 밑누룩을 제비쑥으로 위아래를 싸서 볏짚으로 묶고 시렁에 매단다.

5. 맥곡법과 같이 21일간 매달아(놓아) 두면 노랗게 포자가 생긴다.

6. 잘 띄운 누룩은 건조시켰다가, 술 빚기 2~3일 전에 햇볕에 내놓아 바짝 말린 후에
   쓴다. 사진은 완성된 누룩.

분곡 粉麴

분곡은 흰 밀가루로 만든 누룩을 가리키는데, 이 방법은 서울 등 중부 지방에서 삼해주(三亥酒)를 빚을 때 사용하는 것이라 하여 '삼해주곡(三亥酒麴)'이라고도 부른다.

일반적인 누룩의 발효 방법은 초재 속에 묻어 띄우는 것인데, 삼해주곡은 삼복에 햇볕 아래 두고 띄워서 사용한다. 발효기간은 길어도 7일 이내에 끝나서 편리한 점이 있긴 하지만, 오랜 시간 숙성을 시킨 후에 사용하는 것이 발효에 따른 역가를 높일 수 있는 방법이다.

누룩을 디딜 때 반죽이 질어지지 않도록 하고 매우 단단히 잘 디뎌야 탈이 없다. 매우 뜨거운 햇볕 아래서 단기간에 발효시키므로 반죽이 질면 균열이 생기기 쉽고, 너무 수분이 부족해도 건조가 빨라져서 좋은 누룩을 얻을 수 없다.

또한 여름철에는 장기간 햇볕을 받기 어려우므로 일기예보에 귀 기울여서 좋은 날을 선택해야 실수가 없다. 따라서 일기가 고르지 못할 때에는 다른 누룩과 같이 볏짚이나

약쑥에 묻어 띄우는 방법이 더 안전하고 실패를 줄일 수 있다.

—삼해주곡(三亥酒麴)

누룩 재료

흰 밀가루 1말, 물 1되

준비 물품

누룩틀, 면보자기, 자배기, 바가지, 물동이, 고운체, 중간체, 짚(말린 쑥)

디디는 법

1. 통밀을 3~4회 분쇄한 후 고운체로 쳐서 흰 밀가루만 취한다.

2. 물을 뿌려가면서 섞은 뒤, 중간체로 쳐서 내리고 손으로 쥐어서 풀어지지 않을 정도면 된다.

3. 누룩틀에 면보자기를 깔고 반죽을 채우는데, 물을 적게 넣은 까닭에 건조되기 쉬우므로 서둘러야 한다.

4. 잘 디뎌진 애누룩은 돌처럼 단단하여 부스러지지 않는다.

5. 발효법은 바깥에 내놓고 뜨거운 햇볕 아래에서 행하나, 일반 제법으로도 가능하다.

6. 완성된 누룩.

병곡 餅麴

해남 좁쌀소주곡은 좁쌀과 멥쌀(찹쌀)로 빚은 이양주(異釀酒) 좁쌀청주를 증류한 좁쌀소주용 누룩으로, 그 성격상 가장 일반적인 분곡의 하나이다. 그러나 형태로 보면, 마치 개떡 모양으로 빚고 크기가 작다는 것이 여느 분곡과는 다른 점이다.

좁쌀소주곡은 그 크기가 작은 데다 개떡 형태로 빚어야 하는데, 반죽이 가장 힘들다. 이 누룩은 삼해주용 분곡과 같이 햇볕 아래서 단기간에 발효시키는 방법을 취하고 있는데, 그 이유가 개떡 형태로 빚다 보면 자칫 반죽이 질어져서 썩기 쉽고, 반죽을 덜 하게 되면 띄우는 중간에 균열이 생겨서 조각나기 쉽기 때문이다.

따라서 물을 적게 사용하는 대신 오랜 시간 반죽을 하고, 밀가루는 거칠게 빻아야 탈이 없다.

볏짚을 두껍게 깔고 덮어서 햇볕이 좋을 때 띄우고, 하얗고 노란 분이 피면 즉시 거둬들이고, 서늘하고 바람이 잘 통하는 곳에 매달아 건조시켜 사용한다. 아니면 여느 방법

과 같이 초재 속에 묻어 띄워도 되는데, 이때는 누룩틀에 디뎌서 만드는 것이 좋다.

―해남 좁쌀소주곡

누룩 재료

흰 밀가루 1말, 물 1되 5홉

준비 물품

누룩틀, 면보자기, 자배기, 바가지, 물동이, 고운체, 중간체, 볏짚(말린 쑥)

디디는 법

1. 통밀을 3~4회 분쇄한 후 고운체로 쳐서 곱고 흰 밀가루만 취한다.

2. 물을 뿌려가면서 버무린 뒤, 수분을 고르게 하기 위해 중간체로 친다.

3. 손으로 쥐어보아 풀어지지 않고 촉촉한 느낌이 들 정도로 반죽한다.

4. 반죽을 손으로 힘껏 뭉쳐서 개떡 형태로 애누룩을 빚는다. 사진은 누룩틀로 디더 만드는 과정이다.

5. 애누룩을 바깥에 내놓고 볏짚을 덮어 뜨거운 햇볕 아래서 띄우나, 일반 제법으로도 가능하다.

＊본디 규격화된 틀에 넣어 성형한 백곡인데, 농가에서 누룩을 빨리 만들기 위해 개떡처럼 빚었던 것으로 추측된다. 반죽을 할 때 아주 되게 하고 가능한 한 오랫동안 치대는 것이 좋다. 손으로 주물러 개떡 형태로 둥글고 납작하게 만드는데, 표면이 매끄러워지지 않도록 밀가루를 묻히면서 반죽한다.

이화주곡 梨花酒麴

梨花酒造麴法
當梨花開時白米多少任意潰水徑宿細細作
末重節以水酒少許令和趣力堅作塊如鷄卵大罩
裏燕卵裹如雞卵裹空石入置七日後醒置三七日
後出見其色黄白相雜則出捏去風藏置用之

이화곡은 고급 탁주류의 하나인 이화주(梨花酒)에 사용되는
누룩으로 미곡이다. 또한 "배꽃〔梨花〕이 필 때 누룩을 빚는
다."고 해서 이화주와 이화곡이란 이름을 얻게 되었는데, 〈규
합총서〉를 비롯하여 〈규곤시의방〉, 〈수운잡방〉, 〈주찬〉,
〈산가요록〉, 〈임원십육지〉, 〈산림경제〉 등 매우 많은 문헌에
수록되어 있음을 볼 수 있으며 그 제조방법 또한 다르다.
그런데 중요한 것은 이렇듯 여러 문헌에서 이화주와 이화곡
을 다루고 있는 까닭이 무엇이며, 특히 이화주를 수록한 문헌
에는 반드시 이화곡의 제조법을 함께 싣고 있다는 사실이다.
이는 이화주가 그만큼 대중화된 계절주이자 고급 탁주였다
는 사실이고, 각각의 이화주 빚는 방식에 따라 그에 알맞은

이화곡을 특별히 만들어 사용해왔다는 것으로서, 이러한 사실로 미루어 보더라도 우리 전통주가 가양주였다는 사실을 거듭 확인할 수 있다.

〈수운잡방〉의 이화곡은 다른 문헌의 이화곡과 비교했을 때 '배꽃이 필 때 빚는' 가장 전형적인 이화곡이라고 할 수 있다. 빚는 방법에서는 다른 문헌과 차이가 없으며, 띄우는 방법에서는 일반 조곡법과 비슷하다. 가장 손쉽고 간편한 방법이라고 하겠다.

—〈수운잡방(需雲雜方)〉

누룩 재료

멥쌀 1말

준비 물품

자배기, 바가지, 물동이, 고운체, 볏짚, 종이상자, 종이봉투

디디는 법

1. 배꽃 필 때 멥쌀 1말을 깨끗이 씻어 하룻밤 불렸다가 씻어 건져서 곱게 가루를 낸다.

2. 멥쌀가루에 물을 약간 뿌려주고 체에 내린다.

3. 쌀가루를 오리알 크기로 만들되 단단히 뭉친다.

4. 공석을 깔고 그 위에 볏짚과 누룩을 켜켜로 쌓아 두고 띄운다. 7일 후에 뒤집어주고 다시 21일 후에 꺼낸다.

5. 황백색 곰팡이가 골고루 피어 누렇게 될 때까지 띄운다.

6. 누룩을 햇볕과 바람을 쏘이고, 종이봉투에 담아 보관한다. 사진은 완성된 누룩.

7. 술 빚을 때 가루로 빻고 고운체에 내려서 사용한다.

이화곡 梨花麴

〈규곤시의방〉은 가장 일반적인 이화곡 빚는 방법을 수록하고 있다. 〈수운잡방〉이나 〈규합총서〉, 〈주찬〉 등에서는 솔잎이나 솔잎과 볏짚 또는 종이봉투와 시루를 이용하여 띄우는 방법을 보여주고 있는 데 반해, 〈규곤시의방〉에서는 가장 일반적이면서 과거 농가에서 가장 손쉽게 구할 수 있었던 볏짚과 공석(빈가마니, 짚자리)을 이용하고, 단시간에 띄우기 위해 따뜻한 구들에서 띄우라고 하였다.

이러한 예는 일반 가정에서 조곡이나 분곡을 띄울 때도 곧잘 이용하는 방법이라서 특별할 것이 없으나, 어떤 의미에서는 가장 중요하고 힘든 방법이라는 사실을 기억해야 한다. 왜냐하면, 좋은 종균이나 효모를 얻기 위해서는 온도와 습도 조절 못지않게 깨끗한 환

경이 필요한데, 이렇게 하자면 추수할 때 누룩용으로 쓸 볏짚을 깨끗한 것으로 선별하여 따로 거둬들이는 일을 비롯하여 충분히 건조시켜 두어야 하므로 신경을 쓸 일이 많아진다.

어떻든 〈규곤시의방〉의 이화곡 제법은 여느 방법과 비교해서 가장 일반적인 방법임에도 불구하고 가장 실패하기 쉬운, 가장 까다로운 방법으로 관리에 보다 신경을 써야 한다는 것이다.

— 〈규곤시의방(閨壼是議方)〉

누룩 재료

멥쌀 3말

준비 물품

자배기, 바가지, 물동이, 절구, 면보자기, 깁체, 볏짚, 공석(빈가마니), 따뜻한 구들

디디는 법

1. 멥쌀 3말을 깨끗이 씻어 물에 하룻밤 재운 다음, 다시 씻어 건져서 곱게 가루를 낸다.

2. 멥쌀가루를 주먹(주먹밥)만큼 만들되 단단히 뭉쳐 애누룩을 만든다.

3. 볏짚으로 애누룩을 싸고 공석에 담아 따뜻한 구들에 두고 띄운다.

4. 자주 뒤집어주고 누렇게 띄운다.

5. 누룩이 다 띄워졌으면, 햇볕에 건조시켜서 껍질을 벗긴다.

6. 사진은 완성된 누룩. 술 빚을 때 절구에 넣고 찧은 다음, 깁체를 이용하여 고운 가루
   만을 취하여 사용한다.

이화곡 梨花麴

〈규합총서〉의 이화곡은 다른 방문과 달리, 솔잎에 묻고 종이로 싸서 발효시킨다는 점에서 차별화되는데, 반죽할 때 물을 많이 쳐서는 안 된다. 솔잎은 향기도 좋고 잡균을 예방할 수 있다는 장점 때문에 쌀누룩에 곧잘 이용되는데, 볏짚에 비해 건조가 안 된

것을 사용하게 되므로 자체의 수분으로 인해 자칫 검은곰팡이가 피기 쉽다는 것이 단점이다. 따라서 적당량의 물을 사용하여야 반죽이 질어진 데에서 오는 실패를 예방할 수 있다.

특히 누룩을 띄우기 시작한 지 7일 이내에 누룩의 성패가 결정 난다고 할 정도로 초기의 관리가 중요한데, 반죽이 좀 질어졌다고 판단되면 2~3일 간격으로 자주 뒤집어주면서 바람을 쐬어주어야 썩는 것을 방지할 수 있다.

또한 초재로 쓰는 솔잎은 약간 꾸들꾸들하게 말렸다가 사용하면, 누룩 반죽이 질어진 데에서 오는 문제를 해소할 수 있다.

누룩을 다 띄웠으면 건조시키기 전에 날이 둔한 과일칼 같은 것을 이용하여 겉면의 검은곰팡이가 피어 있는 껍질을 한 겹 벗겨낸 후에 건조시키고 법제하여 사용한다.

―〈규합총서(閨閤叢書)〉

누룩 재료

멥쌀 3말

준비 물품

자배기, 물동이, 바가지, 맷돌(또는 절구), 고운체, 솔잎, 종이봉투(상자)

디디는 법

1. 정월 첫 해일(亥日) 3일 전에 멥쌀 3말을 깨끗이 씻는다.

2. 멥쌀을 다시 씻어 건져서 절구에 찧거나 맷돌에 갈아 곱게 가루를 낸다.

3. 쌀가루를 고운체에 내려서 달걀 크기로 단단히 뭉쳐 애누룩을 만든다.

4. 솔잎으로 애누룩을 서로 닿지 않게 싸고 종이봉투에 담는다. 애누룩을 담은 종이봉투는 따뜻하지 아니한 구들에 두고 띄운다.

5. 자주 뒤집어주고 누렇게 될 때까지 띄운다.

6. 누룩을 햇볕에 건조시켜서 껍질을 벗긴다. 사진은 완성된 누룩.

7. 술 빚을 때 가루로 빻고 고운체에 내려 사용한다.

이화곡 梨花麴

梨花酒正月上亥日前期三日百洗白米浸水出
細末細篩不用水捏作塊大於鷄卵於筐中松葉作
隔層鋪置房上不煖處七日出晡草席或生蒲上晒
乾半日又埋松葉又如是一次後出晒令極乾藏置
紙囊梨花開後經夏皆可釀

이화곡을 만들 때는 쌀가루에 물을 많이 섞으면 쉬이 썩어 좋지 않다. 누룩을 만들다 보면 처음에는 반죽 상태가 알맞았다가도 시간이 지나면 수분이 부족해지는 현상을 겪게 된다. 그래서 처음 만들 때는 반죽을 조금 질게 만들기도 하는데, 이런 것이 이유가 되어 발효 또는 건조 중에 누룩이 썩은 것을 목격할 수 있다.

따라서 가능한 빠른 시간에 끝내도록 하고, 양이 많은 경우에는 반죽 그릇 위에 젖은 면보자기를 덮어 수분 건조가 덜 일어나도록 해주는 것도 한 가지 방법이다.

〈산림경제〉 외에도 여러 문헌에서 이화곡을 찾아볼 수 있는데, 〈규합총서〉와는 별반 차이가 없다. 다만, 이 방

문은 시루를 이용하여 '솔잎'과 '볏짚'에 묻은 뒤 다시 시루를 종이봉투로 싸서 띄우는 방법이라는 점에서 차이가 있다.

〈규합총서〉의 제조법보다 한 단계 발전시킨 방법으로 정성이 많이 들어간 탓인지 누룩의 빛깔과 품질 면에서 뛰어나다.

—〈산림경제(山林經濟)〉

누룩 재료

멥쌀 1말

준비 물품

고운체, 시루, 자배기, 물동이, 바가지, 볏짚, 솔잎, 종이봉투

디디는 법

1. 정월 첫 해일(亥日) 3일 전에 멥쌀 1말을 깨끗이 씻는다.

2. 멥쌀을 다시 씻어 건져서 곱게 가루를 낸다.

3. 쌀가루를 달걀(주먹밥) 크기로 만들되 단단히 뭉쳐 애누룩을 빚는다.

4. 시루를 이용하여 솔잎과 애누룩을 켜켜로 묻되, 서로 닿지 않게 한다.

5. 애누룩을 묻은 시루를 종이로 밀봉한다. 그런 다음 시루 밑에 볏짚을 두툼하게 깔고, 따뜻하지 아니한 구들에 두고 띄운다.

6. 자주 뒤집어주고 누렇게 될 때까지 띄운다.

7. 다 띄워진 누룩은 꺼내서 햇볕에 건조시킨다. 사진은 완성된 누룩.

8. 술 빚을 때 고운 가루로 빻고, 고운체에 내려서 사용한다.

제4부

녹두가 들어가는 누룩 (녹두곡)

조곡법 粗麴法

조곡은 밀이나 보리를 분쇄하여 물로 반죽한 뒤 초재 속에 묻어서 띄운 누룩으로, 전통누룩의 주류(主流)를 이루고 있다. 〈태상지〉에는 조곡법이라 하고 일반적인 조곡 디디는 법에 녹두를 함께 사용함으로써, 향취와 발효력이 뛰어난 누룩을 소개하고 있다.

이 조곡법은 거친 통밀가루와 시루에 찐 녹두가루를 이용하여 디딘 누룩으로, 통밀가루를 찐 녹두가루와 함께 절구에 넣고 찧음으로써 반죽을 하는 것이다. 이때 가능하면 물은 넣지 않는 것이 좋으나, 녹두의 수분이 적다고 판단되면 준비한 물을 통밀가루와 미리 섞어 둔 후, 찐 녹두가루와 함께 찧으면 좋다. 그 형태나 빛깔이 여느 녹두곡과 비교했을 때 매우 아름답고 향기도 좋다.

띄울 때는 볏짚을 충분히 넣고 가능한 따뜻한 곳에서 발효시켜야 잘

뜬다. 발효온도가 낮으면 건조가 빨라지고 구린 냄새가 날 수 있으며, 특히 곰팡이가
잘 자라지 않으므로, 따뜻한 구들이 좋고 얇은 이불로 덮어주고 자주 바꿔 쌓기를 해주
어야 한다.

— 〈태상지(太常志)〉

누룩 재료

밀 15석, 녹두 6말 6되 5홉, 물 2말

준비 물품

누룩틀(방형), 면보자기, 자배기, 물동이, 바가지, 맷돌, 중체, 채반, 절구, 볏짚, 이불

디디는 법

1. 밀은 깨끗이 씻어 말린 뒤 맷돌에 거칠게 갈아 놓는다.

2. 밀가루를 체에 쳐서 하얀 가루를 제거하고 거친 가루와 밀기울만을 취한다.

3. 녹두는 맷돌에 갈아 거피한 뒤, 물에 깨끗이 씻어 건져 놓는다.

4. 물기가 빠지면 쪄서 꾸들꾸들하게 말린다.

5. 밀가루와 녹두를 한데 섞고, 절구에 찧어 반죽한다.

6. 네모진 방형(方形) 누룩틀을 이용하여 성형한 뒤, 틀에서 빼낸다.

7. 방바닥에 짚과 밑누룩을 켜켜로 쌓아 놓고 볏짚으로 덮어준 뒤, 얇은 이불로 씌워 놓는다. 2~3일 간격으로 바꿔 쌓기 하여 20일간 띄운 다음, 법제하여 사용한다. 사진은 완성된 누룩.

향온곡 香醞麴

'향온곡'이라고 하면 일단은 특수누룩으로 분류된다. 일반적으로 누룩은 밀이나 보리가 주재료라고 할 수 있는데, 이들 재료 외에 특별히 녹두를 사용하여 만든 누룩을 향온곡이라고 하며, 이 향온곡을 발효제로 빚은 술은 특별한 향취와 빛깔, 맛을 내기 때문이다.

〈고사촬요〉에 수록된 향온곡이 그대로 〈임원십육지〉에 수록될 정도로 유명하여, 일반에서는 이 향온곡을 모방한 여러 가지 방문이 전해오고 있다. 이 향온곡은 본디 궁중에서 청주(淸酒), 법주(法酒)와 내국법온(內局法醞)을 빚을 때 사용했던 것인데 점차 일반에까지 퍼졌으며, 사대부와 부유층에서 '과하주(過夏酒)' 등 특주

를 빚을 때에도 사용했던 것으로 알려지고 있다.

〈고사촬요〉의 향온곡은 보리만을 사용하되 녹두를 불렸다가 이를 맷돌이나 믹서에 갈아 만든 즙액으로 반죽한다는 점에서, 다른 향온곡이나 녹두곡과도 차별된다.

향온곡을 띄울 때는 비교적 낮은 온도인 20~25℃의 실내에서 약쑥 위에 놓아 발효시키는데, 품온 유지를 위해 얇은 이불을 씌워주면 더욱 좋다. 발효가 끝난 누룩은 충분히 건조시킨 뒤, 5일간 법제하여 술 빚기에 사용한다.

— 〈고사촬요(攷事撮要)〉, 〈임원십육지(林園十六志)〉

누룩 재료

보리 1말, 녹두 1되

준비 물품

누룩틀, 면보자기, 자배기, 맷돌, 고운체(베주머니), 물동이, 바가지, 말린 쑥(볏짚)

디디는 법

1. 분량의 통보리를 맷돌에 갈아 거친 가루를 만든다.

2. 거피한 녹두를 물에 4~5시간 불렸다가, 건져서 물기가 빠지기 전에 맷돌에 갈아낸다.

3. 녹두 간 것을 체(베주머니)에 걸러 즙액을 취한 뒤, 이 즙액으로 통밀가루를 버무려 반죽한다.

4. 녹두 간 것 외에 일체의 물을 넣지 말고, 고루 버무려 반죽한다.

5. 고루 치댄 다음, 누룩틀에 채워 넣는다.

6. 성형이 완료된 누룩.

7. 디디는 법, 띄우는 법은 일반 제법과 같다.

향온곡 香醞麴

향온곡이란 향온주(香醞酒)에 전용되는 누룩이란 뜻이다. 향온곡에 대한 기록은 〈규곤시의방〉을 비롯하여 여러 문헌에서 찾아볼 수 있는데, 향온곡의 제조법과 재료 배합비율이나 디디는 법이 유사한 누룩도 향온곡이라 하지 않고 '녹두곡' 또는 '곡'이라고 기록한 경우가 더 많다는 점에서 향온곡에 대한 의미가 크다고 할 수 있다.

향온곡이란, 본디 궁중의 내국(內局)에서 빚는 술인 '내국법온(內局法醞)'을 빚는 데 사용되는 특수누룩이었다. 이 궁중법의 내국법온을 민간에서 '향온주'라고 하였으며, 이 향온주를 증류하는 과정에서 지초(芝草)를 이용하여 착색시킨 소주를 궁중에서는 '내국홍로주(內局紅露酒)' 또는 '홍로주(紅露酒)'라고 하고, 민간에서는 '홍주(紅酒)'라고 불렀던 까닭에 향온곡은 특별한 의미를 갖는다고 하겠다.

전승 가양주로서 서울의 향온주는 이와 같은 유래에서 전해온 전통 청주로 서울 향온주 전용의 누룩을 이용하여 왔는데, 〈규곤시의방〉이나 〈임원십육지〉, 〈고사찰요〉 등 다른

문헌의 기록과는 다소 차이가 있다. 주재료로 밀 외에 보리가 사용되기 때문인데, 실내 온도 20~25℃에서 약쑥 위에 놓아 한 달간 발효시키고, 5일간 법제한 뒤 사용한다.

─서울 향온주곡(香醞酒麴)

누룩 재료

통밀 1말, 통보리 1말(1되), 녹두 1되 5홉

준비 물품

누룩틀, 면보자기, 자배기, 중간체, 고운체(베주머니), 물동이, 바가지, 맷돌, 볏짚(말린 쑥)

디디는 법

1. 준비한 분량의 통밀과 통보리를 맷돌에 갈거나, 절구로 찧어 거친 가루를 만든 다음, 중간 체로 쳐서 하얀 가루를 제거한다.

2. 거피한 녹두를 물(여름철에는 끓여 식힌 물)에 4~5시간 불렸다가, 물기가 빠지기 전에 건져서 맷돌에 갈아낸다.

3. 녹두 간 것을 체(베주머니)에 걸러 즙액을 취한 뒤, 이 즙액으로 통밀가루와 통보릿가루를 버무려 반죽한다. 녹두즙을 만들 때 따로 물을 첨가하지 않는다.

4. 디디는 법은 누룩틀에 젖은 면보자기를 깔고 반죽한 밀가루를 채워 넣는다.

5. 면보자기로 위를 덮어 발로 단단히 디딘다.

6. 누룩틀에서 밑누룩을 조심스레 빼낸다.

7. 방바닥에 볏짚을 깔고, 그 위에 밑누룩을 놓고 다시 볏짚을 덮은 뒤 이불(포대기)로 덮어 준다.

8. 누룩이 뜨는 동안 열이 나면, 가끔씩 이불을 벗기고 밑누룩을 뒤집었다 엎었다 하여 준다.

9. 누룩 전체 면에 누룩곰팡이가 골고루 피어 있고, 더 이상 열이 나지 않으면 다 뜬 것이니 꺼낸다.

10. 발효가 끝난 누룩은 가마니에 넣어서 보관한다.

11. 누룩은 술 빚기 전 낮에는 햇볕에 말리고, 밤에는 이슬을 맞히기를 5일간 반복하여 법
제를 마친 뒤 사용한다.

향온곡 香醞麴

〈규곤시의방〉의 향온곡은 서울 향온주곡과 그 제법에서 같다. 일반적으로 통밀과 통보리를 함께 사용하는 것으로 되어 있으나, 통보리를 넣지 않고 만들기도 한다.

이러한 이유는 보리누룩으로는 알코올 도수가 낮은 술이 만들어지기 때문인데, 이는 녹두와 보리 성분 가운데 '제독' 효과와 관련이 있는 것으로 누룩을 띄우는 과정에서 밀누룩보다 효모의 증식이 원활하지 못하다는 것을 입증한다. 따라서 이러한 향온곡의 성질을 이용하여 여름철 술 빚기에 응용하면 오히려 효과를 거둘 수가 있다.

실내온도 20~25℃에서 약쑥에 묻어 발효시키고, 5일 동안 법제한 뒤 사용하는데, 이러한 녹두곡은 어떤 방문이든 간에 물을 적게 넣

고 반죽을 하여야 발효 상태가 좋고 썩지 않으며 벌레가 생기지 않는다는 사실에 유의
한다.

―〈규곤시의방(閨壼是議方)〉

누룩 재료

통밀 1말, 통보리 1말, 녹두 1홉

준비 물품

누룩틀, 면보자기, 자배기, 맷돌, 고운체(베주머니), 바가지, 물동이, 말린 쑥

디디는 법

1. 준비한 분량의 통밀을 맷돌에 갈거나 절구로 찧어 거친 가루를 만든다.

2. 거피한 녹두 1되를 물에 4~5시간 불렸다 건져서 물기가 빠지기 전에 맷돌에 갈아 낸다.

3. 녹두 간 것을 체(베주머니)에 걸러내 즙액 1되 5홉을 취한다.

4. 이 즙액으로 통밀가루와 통보릿가루를 버무려 반죽한다. 녹두즙을 짤 때 따로 물을 첨가하지 않는다.

5. 디디는 법은 일반 제법과 같다.

6. 사진은 성형이 끝난 누룩.

백수환동주곡 白首還童酒 麴

〈양주방〉의 백수환동주곡은 〈규곤시의방〉이나 〈규합총서〉 등 여러 문헌에 등장하는 이화곡 제조법과 매우 유사한 것을 알 수 있다. 다만, 주재료를 멥쌀이 아닌 찹쌀을 사용하고 녹두를 쪄서 함께 반죽하는 점에서 차이가 있는데, 백수환동주곡은 이름 풀이 그대로 '백수환동주(白首還童酒)' 의 전용 누룩이다. 백수환동주란 "늙은이가 이 술을 마시면, 흰머리가 검어지고 주름진 얼굴이 동안(童顔)이 된다."는 설에서 유래된 술 이름으로 〈양주방〉이 백수환동주의 유일한 기록인데, 삼칠일(21일) 만에 띄우기를 마친다는 것이 특징이다.

기록에서 찾아볼 수 있듯이 백수환동주곡은 여름철의 양조에 적합한 누룩이라고 알려지고 있는데, 이는 부재료로 사용되는 녹두의 찬 성질에 따른 효과 때문이다. 즉 녹두의 찬 성질로 인해 발효시 술이 지나치게 끓어올라 산패하는 것을 예방할 수 있기 때문으로 여겨진다.

그러나 술이나 누룩의 이름에 담겨 있는 의미처럼 과연 이 누룩으로 빚은 술을 마셔서 회춘을 할 수 있는지에 대해서는, 동안의 노인에 대한 그 어떤 기록이나 구전(口傳)도 듣지 못하였으므로, 과신이나 큰 기대는 버려야 할 것이다. 다만 전통주는 반주로 이용되었으므로, 반주를 장기 음용하는 가운데 그 의미를 찾는다면 100세는 가능하리라 믿는다.

—〈양주방(釀酒方)〉

누룩 재료

찹쌀 5되, 거피녹두 1말, 물

준비 물품

시루, 솥, 자배기, 바가지, 맷돌, 물동이, 솔잎

디디는 법

1. 정월 초 10일 전에 녹두를 맷돌에 갈아 거피한다.

2. 거피한 녹두를 시루에 안쳐 겨우 익을 만큼 찐다.

3. 녹두를 넓은 그릇에 담아 식게 둔다.

4. 찹쌀을 물에 담가 하룻밤 불렸다가 가루로 만든다.

5. 녹두가루 찐 것과 쌀가루를 켜켜로 섞고, 고루 버무려서 반죽을 만든다.

6. 반죽을 오리알 크기로 단단히 뭉친다.

7. 애누룩을 솔잎에 재워 따뜻한 곳에 두고 띄운다.

8. 발효시킨 지 7일 만에 뒤적이고, 14일 만에 햇볕이 들고 바람이 부는 곳에 내놓았다
   가, 다시 7일 후에 꺼내어 건조시킨다. 사진은 완성된 누룩.

내부비전곡 內府秘傳麴

內府秘傳麴方 白麴一百斤黃米四斗綠豆三斗先
將豆磨去殼將殼篩出水浸放置一處臨用次將
黃米磨末入麵幷豆末和作一處將收起豆殼浸
水倆入米麵如乾再加浸豆殼水以
可稔成塊爲準踏作方麴以實爲佳以粗布晒
六十日三伏內做方好造酒每石入麴七斤不可
多放其酒清冽迸生

내부비전곡은 우리나라 문헌으로는 19세기 초엽의 〈임원십육지〉에 처음 등장하는데, 이 누룩 역시 어떤 종류의 술에 사용하는지, 어떤 연유로 인해 내부비전곡이란 이름을 얻게 되었는지에 대한 설명이 없어 안타깝기 이를 데 없다.

추측컨대 궁중에서 제조되어 사용했던 누룩이 일반 사가에 전해진 것이 아닌가 생각되며, 녹두곡이면서도 밀이나 보리, 녹두를 익혀 사용하는 면곡 등과는 다르고 금경로곡(金莖露麴)과는 유사한 방법이라 하겠는데, 미곡

가운데서는 가장 품질이 뛰어난 누룩으로 여겨진다.

내부비전곡이 금경로곡과 다른 점은, 밀가루와 녹두의 배합비율이 다르고 찹쌀 대신 황미(黃米)를 사용한다는 것이지만, 반면 디디는 법이나 띄우는 법은 같다. 따라서 금경로곡의 단점을 보완한 방법이 내부비전곡일 것이라는 추측을 하게 된다. 그 배경으로, 금경로곡이 내부비전곡과 함께 〈임원십육지〉에 수록되어 있다는 점에서 그런 가능성을 찾게 된다.

― 〈임원십육지(林園十六志)〉

누룩 재료

밀가루 100근, 녹두 3말, 황미 4말, 물 3말 1되

준비 물품

누룩틀(방형), 자배기, 바가지, 물동이, 맷돌, 면보자기, 대광주리

디디는 법

1. 삼복 안에 녹두를 맷돌에 갈아서 녹두가루와 껍질을 분리한다.

2. 넓은 그릇에 분량의 물을 붓고 녹두껍질을 불려 둔다.

3. 황미를 빻아서 가루로 만든다.

4. 황미가루에 녹두가루와 밀가루를 합한다.

5. 녹두껍질 불린 물과 반죽할 가루를 섞고 고루 치대어 되게 반죽한다.

6. 네모난 누룩틀에 면보자기를 깔고, 그 위에 반죽을 채워 넣는다.

7. 예의 방법대로 반죽을 단단히 디딘다.

8. 대광주리에 밑누룩을 담아 펼쳐 놓고 햇볕이 드는 곳에 두고 띄워, 60일 후에 하얗게 바랬으면 거둬들인다. 사진은 완성된 누룩.

녹미주곡 綠米酒麴

〈온주법〉의 녹미주곡은 이름 그대로 녹두와 쌀(찹쌀)로 빚는 누룩이라는 뜻이니, 매우 고급 누룩이라고 할 수 있다. 결국 '녹두곡'의 하나인데, 쌀이 들어가는 데다 특히 '녹미주(綠米酒)'에 이용하므로 '녹미주곡'으로 부르는 것이다. 다만, 여기서 주목할 것은 다른 누룩에서와는 달리, 쌀이 아닌 녹두가 주재료라는 것이다. 즉, 향온곡이나 면곡 등은 녹두가 들어간 누룩이면서도 주재료의 비율이 밀 또는 쌀 중심인 데 반해, 〈온주법〉의 '곡'과 〈양주방〉의 '백수환동주곡' 등에서와 같이 녹두가 쌀의 양보다 많다는 것이다.

앞서 〈규곤시의방〉의 향온곡에서 설명하였듯이 녹두 중

심의 누룩은, 밀이나 보리 중심의 누룩에 비해 그 기대치에 못 미친다는 점에서, 다시 한번 생각해보아야 할 일이다. 특히 밀이나 보리가 아닌 찹쌀의 미곡류(米麴類)는 조곡류(粗麴類)에 비해 역가가 훨씬 떨어진다는 점에서 경제적이지 못하다는 사실은 이미 여러 차례 언급한 바 있어 더 이상의 언급은 피하기로 하겠다.

녹미주곡 역시 여름철 양조에 좋다고 할 수 있으나, 반드시 이양주(二釀酒)에 한하여 사용해야만 실패를 줄일 수 있다는 점을 기억해 둘 일이다.

―〈온주법(蘊酒法)〉

누룩 재료

거피녹두 1말, 찹쌀 5되

준비 물품

시루(종이상자), 자배기, 솥, 바가지, 물동이, 맷돌, 절구, 솔잎, 종이봉투

디디는 법

1. 녹두를 맷돌에 갈아서 거피하여 물에 불린다.

2. 물에 불린 녹두를 건져 시루에 안쳐 찐 후, 넓은 그릇에 담아 둔다.

3. 찹쌀을 물에 담가 하룻밤 불렸다가 가루로 빻는다.

4. 찹쌀가루와 찐 녹두가루를 합한 다음, 절구에 넣고 찧어 반죽을 만든다.

5. 누룩 반죽을 오리알 크기로 단단히 뭉친다.

6. 빈 상자나 시루에 솔잎을 깔고, 애누룩을 서로 닿지 않게 묻는다.

7. 따뜻한 곳에 두고 띄우는데, 가끔 햇볕이 들고 바람 부는 곳에 내놓았다가 다시 띄운다.

8. 발효시킨 지 20일 만에 거둬들인 다음, 법제하여 종이봉투에 담아 보관한다. 사진은 완성된 누룩.

녹두곡 綠豆麴

〈증보산림경제〉의 녹두곡은 〈온주법〉의 녹미주곡이나 〈임원십육지〉의 내부비전곡과 재료, 디디는 법 등에서 매우 유사하다. 반면 차이점은 주재료가 녹두냐 아니면 쌀이냐, 그도 아니면 두 재료의 배합비율이 얼마만큼 균형을 이루고 있느냐로 구분할 수 있다.

녹두곡은 주재료 중 녹두의 양이 쌀이나 밀, 보리의 양보다 많은 것으로 〈온주법〉의 녹미주곡과 곡, 〈양주방〉의 백수환동주곡이 있고, 녹두의 양이 적은 것으로는 〈산림경제〉의 곡, 〈태상지〉의 조곡법, 〈임원십육지〉의 면곡, 향온곡, 금경로곡, 내부비전곡, 〈규

곤시의방〉의 향온곡, 〈증보산림경제〉의 면곡 등이 있는데, 〈증보산림경제〉의 녹두곡
은 이들 두 가지 형태의 절충형이라고 생각된다. 주재료로 사용되는 녹두의 양이 쌀의
양과 같기 때문이다.

그러나 〈증보산림경제〉의 녹두곡 역시 "여름철 양조용으로 디딜 때에는 쌀 1말당 녹
두 2되의 비율이 좋다. 멥쌀 대신 찹쌀도 좋고, 쌀의 양을 절반(5되)으로 줄여도 된다."
고 하여 여름철 양조용이 아니라도 녹두가 쌀이나 밀, 보리보다 적게 사용되는 것이 좋
은 누룩이라는 것을 간접적으로 설명하고 있다.

재미있는 사실은 〈온주법〉에서는 이 방법을 인용하여 '녹미주곡', 〈양주방〉에서는
'백수환동주곡'으로 기록하고 있다는 사실이다.

―〈증보산림경제(增補山林經濟)〉

누룩 재료

거피녹두 1말, 멥쌀 1말

준비 물품

누룩틀(작고 얄팍한 형태), 면보자기, 자배기, 채반, 절구, 맷돌, 말린 약쑥

디디는 법

1. 거피한 녹두와 쌀을 각각 물에 하룻밤 불린다.

2. 물에 불린 녹두와 쌀을 채반에 건져서 물기를 뺀다.

3. 녹두를 채반에 펼쳐서 꾸들꾸들해지도록 약간 건조시킨다.

4. 쌀을 맷돌이나 절구에 넣고 가루로 빻는다.

5. 건조시킨 녹두를 절구에 넣고 가루로 빻는다.

6. 녹두가루와 쌀가루를 작고 얄팍한 형태의 누룩틀에 넣고 단단히 밟는다.

7. 누룩틀에서 빼내어 약쑥 위에 놓아 발효시킨다.

곡 麴

最佳中伏後末伏前次之小麥不拘多少火磨搗碎麥
十斗取蓼二斗為准留麴 작별로薄先浸菉豆汁取
蒜蓼저엿 與菜豆汁和造日未出時浸麴欲到묘是
日人刀可踏浸之不可經宿踏欲極堅每圓用蓮葉
蒼耳葉密裹懸當風通涼處至十月枚之造麴良好
全在剉浸堅踏若不剉浸雖欲堅踏濃淸而出若不
堅踏麴力頓失不能殺米茶 安

○造麴初伏後

이 책에서 필자가 다루고 있는 녹두곡
은 모두 9종인데, 이들 누룩 가운데 밀
과 녹두를 사용한 누룩이 2종, 쌀과 녹
두를 사용한 누룩이 3종, 보리와 녹두를
사용한 누룩이 1종, 밀과 보리, 녹두를
함께 사용하고 있는 누룩이 2종, 밀과
쌀, 녹두를 함께 사용하고 있는 누룩이
1종인 점을 감안하면, 녹두누룩 역시 밀
중심으로 이루어졌음을 알 수 있다.
〈산림경제〉의 기록을 보면, 이 누룩을
디디는 적기로 "초복 후나 중복 후, 말

복 전에 디뎌서 띄우면 좋다.”고 하고, “녹두즙은 통밀 1말당 녹두 1되로 하는데, 중복에는 2되, 말복에는 3되를 물에 불렸다가 맷돌에 갈아서 만든다.”고 하여, 이 방문 역시 누룩을 디디는 때에 따라 재료의 배합비율을 달리하고 있음을 볼 수 있다.

이 누룩의 특징은 통밀가루 외에 별도의 흰 밀가루를 사용하고 있다는 것인데, 그 이유는 물을 가능한 적게 사용함으로써 띄우는 과정에서 썩거나 벌레가 꼬이는 등의 문제점을 해소할 수 있는 반면 반죽이 어려워지므로, 밀가루를 첨가함으로써 밀가루의 글루텐으로 인해 반죽하는 데 따른 편의를 도모할 수 있기 때문이다.

— 〈산림경제(山林經濟)〉

누룩 재료

통밀 10말, 밀가루 2말, 녹두즙 2말 반

준비 물품

누룩틀, 면보자기, 맷돌, 베주머니, 자배기, 면보자기, 연잎(도꼬마리잎), 볏짚(새끼)

디디는 법

1. 녹두를 씻어 불린 다음 건져서 맷돌에 갈아 즙을 내고, 넓은 그릇에 담아 둔다.

2. 밀을 맷돌에 갈아서 거친 가루로 만든다.

3. 통밀가루와 밀가루, 녹두즙을 섞고 고루 치대어 반죽한다.

4. 누룩틀에 면보자기를 깔고, 그 위에 반죽을 채워 넣는다.

5. 반죽을 채운 누룩틀을 발로 밟아 단단히 디딘다.

6. 누룩을 연잎으로 싸고 새끼로 묶는다.

7. 애누룩을 서늘한 곳에 매달아 두고 띄워, 10월에 거둬들인다.

8. 완성된 누룩.

제5부

초재와 약재가 들어간 누룩 (초곡)

미곡 米麴

○造米麴法正月初一日以白米或粘米水浸作末
微篩過踏作麴埋松葉烝成每釀米一斗八麴末

미곡이라 함은 쌀로 빚은 누룩이란 뜻이다. 일반적으로 누룩은 밀이나 보리를 주재료로 하여 빚는데, 특별히 쌀로 빚는 누룩은 우선 돈이 많이 들어가기 때문이기도 하거니와 술에 독특한 풍미를 주게 되어 고급 누룩으로 분류한다.

〈증보산림경제〉의 미곡은 찹쌀가루에 여뀌를 짓찧은 즙으로 반죽을 한 다음, 오리알처럼 빚어 솔잎에 띄운다. 미곡을 빚어보면 그 과정이 얼마나 힘든지를 경험하게 될 것인데, 바로 이러한 이유 때문에 미곡을 기피하게 되었을 것이고, 결국에는 단절된 이유가 되었을 것으로 추측된다.

그런데 힘들었던 기억을 잊을 만할 때, 그러니까 누룩을 띄우기 시작한 지 2~3일이 되어 중간에 바꿔 쌓기를 하다 보면, 미곡에서 올라오

는 그 향취가 얼마나 좋은지 새삼 놀라게 된다.

미곡을 빚을 때 주의할 일은, 찹쌀을 불렸다 건져서 물기를 완전히 뺀 후 가루로 빻도록 한다. 또 여뀌즙은 넉넉히 준비하되 녹두즙보다 끈기가 많으므로 너무 많이 넣어서 반죽이 질어지지 않도록 하여야 한다.

—〈증보산림경제(增補山林經濟)〉

누룩 재료

찹쌀 1말, 천연 여뀌즙(생여뀌 1석)

준비 물품

시루, 면보자기, 맷돌, 중간체, 자배기, 절구, 베주머니, 솔잎, 볏짚, 종이봉투

디디는 법

1. 찹쌀 1말을 물에 씻어 불린 다음, 맷돌에 갈아 체에 내린다.

2. 여뀌를 채취하여 절구에 넣고 짓찧어, 2되 가량의 즙을 채취한다.

3. 쌀가루에 여뀌즙을 넣고 골고루 섞이도록 오랫동안 반죽한다.

4. 쌀가루 반죽한 것을 둥글고 납작한 형태로 단단히 뭉친다.

5. 시루에 솔잎을 깔고 밑누룩을 서로 닿지 않게 넣은 뒤, 다시 솔잎으로 덮는다.

6. 밑누룩 안친 시루 밑에 볏짚을 두툼하게 깔고, 시루 위를 면보자기로 덮어 바람 드
   는 곳에 두고 30일간 띄운다.

7. 햇볕 좋은 날 볕을 쬐어 건조시킨 후, 종이봉투에 담아 두고 사용한다. 사진은 완성
   된 누룩.

면곡 麵麴

어떤 연유로 '면곡'이란 이름을 붙이게 되었는지 정확히 알수는 없으나, 밀가루로 반죽한 누룩이란 뜻으로 해석할 수 있다. 〈임원십육지〉 외에 〈증보산림경제〉와 이들 기록보다 훨씬 후기의 문헌인 〈조선무쌍신식요리제법〉에도 등장하는 것으로 미루어 다양하게 사용되었던 것으로 여겨진다.

〈조선무쌍신식요리제법〉의 면곡은 통밀가루를 특별하게 밀뜨물을 만들어 반죽하는 방법으로 빚는 조곡이고, 〈증보산림경제〉의 면곡은 〈임원십육지〉의 면곡과는 또 다른 형태의 녹두곡이다. 즉 재료나 디디는 법은 같은데, 그 크기나 띄우는 방법에서 차이가 있다는 것이다.

면곡을 디디는 법에서 보는 바와 같이 그 크기가 여간 큰 것

이 아니므로, 이렇게 큰 누룩의 경우 띄우기는 쉬워도 건조가 용이하지 않다. 따라서 누룩의 한가운데 부분이 깊이 들어가도록 하거나 아예 구멍을 뚫어 두는 것도 현명한 방법이다. 또한 띄우는 과정에서 저절로 품온이 떨어져 발효가 끝났다고 판단되면, 방망이나 망치를 이용하여 잘게 부순 뒤, 법제를 겸하여 건조시켰다가 사용하면 썩거나 벌레가 꼬이는 것을 예방할 수 있다.

─〈임원십육지(林園十六志)〉

누룩 재료

통밀 5근, 녹두 5되, 물 2~3되, 여뀌 5되

준비 물품

누룩틀(5되 크기), 면보자기, 베주머니, 맷돌, 절구, 자배기, 물동이, 바가지, 빈가마니, 볏짚, 말린 쑥

디디는 법

1. 통밀을 깨끗이 씻어 건조시킨 다음, 맷돌에 갈아 거친 가루를 만든다.

2. 물에 씻어 충분히 불린 녹두를 맷돌에 갈아 두부같이 물을 짜낸다.

3. 여뀌잎을 절구나 돌확에 짓찧어 놓는다.

4. 녹두물에 짓찧은 여뀌잎을 넣고 비벼서 쑥물 같은 물을 얻는다.

5. 통밀가루에 녹두즙, 여뀌즙을 적당량 넣고, 고루 버무려서 된 반죽을 만든다.

6. 5되 크기의 누룩틀에 밀가루 반죽을 채우고, 단단히 디뎌서 성형한다.

7. 시렁 위에 볏짚을 깔고, 그 위에 말린 쑥을 두텁게 깔고 성형한 밑누룩을 올려놓는 다. 밑누룩 위에 쑥을 덮고 그 위에 볏짚을 덮는다.

8. 2~3일 간격으로 바꿔 쌓기를 해주면서 21일간 띄운 다음, 바람이 통하는 곳에 매 달아 두고, 필요할 때 법제하여 사용한다. 사진은 완성된 누룩.

면곡 麵麯

〈증보산림경제〉의 면곡은 〈임원십육지〉의 기록과 주재료와 빚는 방법에서 동일한 누룩이다. 〈임원십육지〉의 면곡은 그 크기가 5되 분량의 큰 누룩틀에 디더서 쑥에 묻어 시렁 위에서 띄우는 반면, 〈증보산림경제〉의 면곡은 원반형의 작은 크기의 얇은 누룩틀에 디디며, 볏짚으로 묶어서 쑥에 묻어 시렁 위에 올려서 띄운다는 점에서 차별된다.

이러한 두 기록의 차이는, 〈증보산림경제〉의 면곡처럼 작고 얇은 누룩이 술 빛깔이나 향기가 좋긴 하지만 발효력이 떨어져 산패가 잦고 주박(酒粕, 지게미)이 많다는 사실의 반증으로, 이를 개선한 방법이 〈임원

십육지〉의 면곡이 아닌가 생각된다.

그도 그럴 것이 〈임원십육지〉는 1827년경의 기록으로, 〈증보산림경제〉(1766년)보다
60년이나 뒤에 나온 문헌이다. 따라서 그간 누룩에 대한 연구가 있었을 것이고, 〈임원
십육지〉에서는 충분히 이러한 문제점을 개선하여 그 방문을 수록하고 있는 것으로 여
겨지기 때문이다. 그러나 중요한 사실은 이론이 아닌 실질적인 확인 작업과 함께 술을
빚어보고 그 결과를 가지고 논할 일이므로, 이에 따른 과제는 다음 기회로 미룬다.

—〈증보산림경제(增補山林經濟)〉

누룩 재료

통밀 1말, 녹두 1~2되, 물 2~3되, 여뀌잎

준비 물품

누룩틀, 맷돌, 자배기, 빈가마니, 면보자기, 베주머니, 물동이, 바가지, 볏짚, 말린 쑥

디디는 법

1. 음력 5월과 6월 첫 인일(上寅日)에 각각 통밀을 깨끗이 씻어 물기를 뺀 다음, 맷돌에 갈아 거친 가루를 만든다.

2. 물에 씻어 충분히 불린 녹두를 맷돌에 갈아 두부같이 물을 짜낸다.

3. 여뀌잎을 절구나 돌확에 짓찧어 녹두물에 넣고, 비벼서 쑥물 같은 물을 얻는다.

4. 밀가루에 녹두즙, 여뀌즙을 넣고, 고루 버무려 된 반죽을 만든다.

5. 원반형의 작고 얇은 누룩틀에 반죽을 채우고, 단단히 디뎌서 성형한다.

6. 성형한 밑누룩을 볏짚으로 메주처럼 동여맨다.

7. 시렁 위에 볏짚을 깔고, 그 위에 말린 쑥을 두텁게 깔고 성형한 밑누룩을 올려놓은 뒤, 위에 쑥을 덮고 그 위에 볏짚을 덮어 21일간 띄운다.

8. 다 띄운 누룩은 바람이 통하는 곳에 매달아 두고, 필요할 때 사용한다. 사진은 완성된 누룩.

곡 麴

<온주법>의 곡은 녹두곡이다. 얼핏 보면 향온곡이기도 하고, <임원십육지>의 면곡 같기도 하고, 또다시 생각해보면 교동법주곡이나 신선주곡 같은데, 달리 보면 <태상지>의 조곡법과도 비슷하다. 다른 문헌의 기록과는 달리 비교적 상세한 방법과 요령들을 수록하고 있는데, 기록에 "초복 후, 중복 후, 말복 전에 디더서 닥나무잎으로 싸고 다시 잣나무잎으로 싸서 위의 방문대로 띄우면 좋다."고 하였고, 요령으로 "말복에는 녹두를 거피하여 여뀌잎 2섬과 섞어 맷돌에 갈아 만든 즙에 밀기울을 넣고 반죽한다. 누룩은 닥잎으로 잘 싼 후 다시 잣잎으로 싸서 바람기 없는 음지에서 여러 날 띄운 후 햇볕이 잘 드는 곳에 둔다."고 하였다. 또 "초복엔 녹두 1되, 중복엔 녹두

2되, 말복엔 녹두 3되를 적당량의 물과 함께 맷돌에 갈아서 만든다. 술 빚을 때에 5~6
일간 법제하여 가루 내어 쓴다."고 하여, 여러 가지 요령을 중복하여 설명하고 있다.
이와 같은 방문은 녹두와, 특히 여뀌의 강한 향취와 함께 특수한 성분으로 인해 누룩의
발효(띄우기) 상태가 달라지기 때문이다. 따라서 계절별, 시기별로 재료의 배합비율을
다르게 하는 등 좋은 누룩을 얻기 위해 얼마나 많은 노력을 기울였는지를 보여주는 예
라고 할 수 있다.

— 〈온주법(蘊酒法)〉

누룩 재료

밀기울 1근(1말), 녹두 1~2되, 여뀌잎 1섬, 닥나무잎, 잣나무잎

준비 물품

누룩틀, 면보자기, 베주머니, 맷돌, 자배기, 바가지, 물동이, 중간체, 소쿠리, 볏짚

디디는 법

1. 녹두와 여뀌를 물에 씻어 불렸다가 건져서 물기를 뺀다.

2. 녹두와 여뀌를 맷돌에 넣고 갈아서 만든 즙을 넓은 그릇에 담아 둔다.

3. 밀을 빻아서 가루로 만든 다음, 중간체를 이용하여 밀가루를 제거한다.

4. 밀기울을 녹두와 여뀌를 갈아 만든 즙과 섞어 반죽한다.

5. 누룩틀에 면보자기를 깔고, 그 위에 반죽을 채워 넣는다.

6. 누룩틀을 발로 밟아 단단히 디딘다.

7. 먼저 닥나무잎으로 애누룩을 싸고, 다시 잣잎으로 싸서 볏짚으로 묶는다.

8. 누룩을 바람 없고 그늘진 곳에 여러 날 두고 띄웠다가, 다 띄워졌으면 햇볕이 잘 드는 곳에 보관해 둔다. 사진은 완성된 누룩.

요국 蓼麴

○ 造蓼麴用糯米以蓼汁浸一宿漉出以乾麴拌勻節去浮起紙裹晾好之掛通風處盛夏爲之兩日可用造酒極醇(神隱)

요국은 〈산림경제〉에 등장하는데, 밀가루가 약간 사용되긴 하나 찹쌀가루로 빚는 미곡으로 분류되며, 방법이 비교적 간편하다.

방문에서 보듯, 찹쌀을 가루로 빻지 않고 그대로 사용하기 때문에 완성된 누룩은 쌀알 그대로의 형태를 유지하는 한편, 덩어리(떡)가 되지 않고 낱알로 흩어지게 된다. 때문에 이와 같이 곡물이 '낱알 낱알로 흩어진다', '쉽게 부서진다' 하여 산국(散麴)이라고 하며, 일반적인 방법인 떡누룩(병곡餠麴)과는 구별한다.

이러한 산국의 누룩곰팡이는 호흡형으로, 병곡에 비해 그 역가가 많이 떨어지기 때문에 요즘에는 거의 사용하지 않는 경향이다. 그러나 그 방법이나 과정에서 분명한 차이는 있지만, 일본식 입국(粒麴) 과정이나 개량식 누룩의 제조 과정과 매우 흡사하다고

할 수 있다.

요국의 특징은 여뀌를 달인 즙액에 찹쌀을 불렸다가, 밀가루를 입혀 쌀알과 쌀알의 결
착력을 부여함으로써, 띄우는 과정에서 쉬이 건조되지 않고 충분히 품온을 유지하여
누룩곰팡이가 잘 자랄 수 있도록 유도하고 있다는 점이며, 여뀌 특유의 살균력과 초취
로 인해 독특한 향취를 띤다는 사실이다.

—〈산림경제(山林經濟)〉

누룩 재료

찹쌀 3말, 밀가루 3되, 달인 여뀌즙 3말(여뀌잎 30kg, 물 6말)

준비 물품

시루, 솥, 맷돌, 자배기, 체(소쿠리), 종이봉투, 노끈

디디는 법

1. 여뀌를 베어다 물솥에 넣고 물이 끓으면 중불로 오랜 시간 달인다.

2. 물의 양이 절반으로 줄어들면, 찌꺼기를 제거하여 차게 식힌다.

3. 찹쌀을 씻어 여뀌 달인 물에 하룻밤 불린 후, 건져서 체나 소쿠리에 밭쳐 놓는다.

4. 물기가 빠지면 찹쌀에 밀가루를 골고루 입힌다.

5. 종이봉투를 두 겹으로 만들어 밀가루 묻힌 밑누룩을 담아 채우고, 끈으로 주둥이를 단단히 묶는다.

6. 끈을 이용하여 바람이 들고 따뜻한 곳에 매달아 둔다.

7. 2개월 가량 지난 후에 종이봉투를 풀어보면 쌀알에 곰팡이가 자라는데, 균사가 번식하면서 단단한 덩이 모양이 된다.

대주백타곡 大州白墮 麴

大州白墮麴方餅法穀三石蒸兩石生一石別礬之
令細然後合和之也桑胡葈葉艾葉各一尺圍長二
尺許合黃之使之如酒色和
麴燥濕以意酌量日中擣取汁以冷水和之餅之安置
煖屋淋上先布麥稭厚二寸然後置麴上亦與稭二
寸覆之閉戶勿使露風日一七日冷水濕手拭之
令遍卽翻之至二七日一例側之三七日籠之四七
日出置日中曝令乾作酒之法淨削刮去垢打碎末
令乾燥十斤麴殺米一石五斗

대주백타곡이란 '상락주(桑落酒)'에 이용되는 방형(方形)의 병곡이다. 상락주는 고대 중국에서 봄철에 빚은 춘주(春酒)의 하나이자 법주류의 하나이다.

상락주는 메기장쌀 2말과 끓인 물 1말로 세 번 빚는 술인데, 이 대주백타곡을 이용하여 봄철에는 냉수에 담가 수곡(水麴)을 만들어 사용하고 겨울철에는 일반적인 방법으로 술을 빚었다고 한다.

대주백타곡의 특징은 주재료인 밀을 일부는 찌고 그것을 말려서 다시 가루를 만들며, 일

부는 날것을 가루로 빻아 함께 섞어 반죽을 하는데, 이때 사용하는 물은 쑥과 뽕잎, 호시(胡枲)잎을 함께 절구에 찧어 얻은 즙액을 사용함으로써 누룩의 초취를 낸다는 것이다. 누룩 재료로 쑥과 뽕잎, 호시잎을 함께 사용하는 경우는 대주백타곡이 유일한 방문으로, 여기서 호시는 도꼬마리의 다른 이름이다.

대주백타곡을 디딜 때 주의할 일은, 밀을 쪄서 말린 뒤 다시 가루로 빻는 일인데, 밀을 완전히 건조시킨 후 분쇄하여야 하고 반죽은 손으로 치대는 것보다 절구에 넣고 사정없이 쳐주어야 한다는 것이다. 그렇지 않고는 성형이 어렵기 때문이다. 또 바람에 노출되지 않도록 하고, 7일 후 뒤집어주고, 다시 14일 후에는 옆으로 세워서 띄우고, 21일 후에는 광주리에 담아 두었다가 28일째에 햇볕에 내어 건조시켜야 품질이 좋은 누룩을 얻을 수 있다.

—〈제민요술(齊民要術)〉

누룩 재료

밀 3섬, 약재 추출물(쑥, 호시잎, 뽕잎 각 5말) 1말, 물 1말

준비 물품

누룩틀, 면보자기, 시루, 맷돌, 절구, 베주머니, 물동이, 바가지, 자배기, 볏짚

디디는 법

1. 7월 갑인일(甲寅日)에 밀 3섬을 물에 깨끗이 씻어 햇볕에 놓아 바짝 말린다.

2. 밀 2섬을 시루에 안쳐 찌고 식힌 후, 볕에 말려서 맷돌에 갈아 둔다.

3. 밀 1섬은 날것으로 맷돌에 갈아 가루를 만든다.

4. 쑥과 호시잎, 뽕잎을 채취하여 절구에 찧어 얻은 즙 1말을 준비한다.

5. 각각 마련한 밀가루를 한데 합하고, 골고루 섞는다.

6. 추출물에 물 1말을 합하고, 밀가루에 뿌려가면서 치대어 반죽을 만든다.

7. 누룩틀에 반죽을 넣고 단단히 디뎌서 성형한다.

8. 밑누룩은 예의 방법대로 하여 실내에서 28일간 발효, 숙성시킨다.

백료곡 白醪麴

白醪麴第六十五 齊民要術

作白醪麴法取小麥三石一石蒸之一石
生三等合和細磨作屑煮胡菜湯經宿使冷和麥屑
擣令熟踏作餅圓鐵作範徑五寸厚一寸餘胡菜湯
箔箔上安藨藨上置桑薪灰厚二寸作胡菜湯灰
令沸籠子中盛麴五六餅許著湯中少時出以胡菜湯灰
中用生胡菜覆上以經宿勿令露濕特覆而
已七日翻二七日聚三七日收曝令乾作麴薄編而
戶勿令風入若小不得多著麴者可四角頭堅
趙置置掾箔如養蠶法七月作之

백료주에 이용되는 백료곡은 주재료의 가공 방법이나 초재의 이용법 등에서 동일 문헌인 〈제민요술〉의 '신곡' 디디는 법과 유사하다. 이러한 유사점에도 불구하고 어떻게 하면 신곡이 되고 백료곡이 되는지에 대해서는 확실한 답을 구할 수가 없다.

수록 문헌인 중국의 〈제민요술〉과 이를 그대로 베껴 놓은 듯한 국내의 〈임원십육지〉에는 이에 따른 근거를 밝혀 놓은 것이 없다. 다만, 백료곡이 '백료주'라고 하는 찹쌀 탁주를 빚는 데 이용되는 누룩이고, 백료주

가 봄철에 빚는 술이라고 소개되어 있는 것으로 미루어, 그 품질이 비교적 뛰어나다는 것을 알 수 있다. 특히 도꼬마리잎으로 초취를 내고 제비쑥을 이용한 발효법으로 비교적 향취가 좋았다.

누룩을 디딜 때 볶은 보릿가루와 날것으로 만든 보릿가루는 수분을 많이 필요하므로, 도꼬마리즙을 섞은 후 충분히 치대어서 수분이 부족하지 않도록 해야 한다. 누룩의 크기가 얇고 작은 데다 시렁에 매달아 띄우기 때문에 쉬이 건조되어 충분히 뜨질 못하는 경향이 있기 때문이다.

─〈제민요술(齊民要術)〉

누룩 재료

보리 3섬, 도꼬마리잎 6말

준비 물품

누룩틀, 면보자기, 시루, 솥, 맷돌, 절구, 베주머니, 물동이, 바가지, 자배기, 볏짚, 제비쑥

디디는 법

1. 7월 첫 인일(上寅日)에 보리 3섬을 물에 씻어 볕에 바짝 말린다.

2. 보리 1섬을 시루에 쪄서 볕에 내놓아 말리면서 차게 식힌 뒤, 맷돌에 갈아 가루를 만든다.

3. 보리 1섬은 날것으로, 1섬은 솥에 볶아낸 뒤, 각각 맷돌에 갈아 가루를 만든다.

4. 도꼬마리잎 6말을 채취하여 절구에 찧고 짜서 그 즙액을 준비한다.

5. 각각의 보릿가루를 한데 합하고 도꼬마리즙액으로 반죽한다.

6. 지름 5치, 두께 1치의 원형 누룩틀에 담고 발로 디뎌 성형을 한다. 사진은 성형이 끝난 누룩.

7. 밑누룩을 제비쑥으로 위아래를 싸서 짚으로 묶고, 서쪽에 동향 문이 있는 집에서 시렁에 매달아 21일간 발효, 숙성시킨다.

8. 완성된 누룩.

양능곡 襄陵 麴

양능곡은 〈임원십육지〉에 등장하는데, 재료의 종류에서 어느 누룩과는 상당한 차이를 보이고 있어 주목된다. 다만, 밀가루와 찹쌀가루 등 재료의 배합비율이 나타나 있지 않는 점에서 아쉬움을 주는데, '실험'이라는 측면에서 동일한 양으로 비율을 정하여 디디기에 임했다. 그 이유로는 우선, 찹쌀가루 중심으로 꿀과 배합하여 반죽을 해본 결과 성형이 어려웠으며, 밀가루 중심으로 반죽을 하였을 때에는 반죽이 질어져서 띄우기에 문제가 있다고 판단되었기 때문이다.

밀가루와 찹쌀가루를 꿀로 반죽을 하면, 밀가루가 찹쌀가루에 비해 많이 엉킨다는 어려움이 있다. 따라서 밀가루와 찹쌀가루, 믹서에 간 천초를 잘 섞은 뒤, 여러 차례 체를 이용하

여 내린 다음에 꿀을 섞어 반죽을 하였는데, 별다른 문제가 없었다.

양능곡의 특징은 여느 누룩의 방문에서는 발견되지 않는 꿀을 사용한다는 것인데, 성형 후의 좋은 냄새처럼 누룩이 다 뜬 후에도 누룩 고유의 곰팡이 냄새를 어느 정도 해소할 수 있었다. 이는 매운맛을 주는 천초를 함께 사용함으로써, 천초의 강한 냄새와 곰팡이 냄새가 중화된 까닭이 아닐까 생각되어, 이 양능곡을 이용한 술 빚기가 기대되었다. 문제는 천초가 발효에 미치는 영향이다.

—〈임원십육지(林園十六志)〉

누룩 재료

밀가루(1말), 찹쌀가루(1말), 꿀(당밀, 2되), 천초(1되)

준비 물품

누룩틀, 면보자기, 맷돌, 체, 자배기, 믹서, 볏짚

디디는 법

1. 물에 씻어 불린 찹쌀을 건져서 맷돌에 갈아 가루를 만들고, 준비한 분량의 밀가루와 고루 섞어 버무린다.

2. 버무린 곡물가루에 천초를 넣고 재차 버무려 반죽한다.

3. 다시 꿀을 넣고 반죽한다.

4. 반죽을 오랫동안 치댄 뒤, 누룩틀에 담아 채우고 발로 디딘다.

5. 밑누룩을 틀에서 빼내어 예의 방법대로 띄운다. 사진은 성형이 끝난 누룩.

6. 잘 뜬 누룩은 구수한 냄새가 나며, 누룩 표면의 곰팡이는 거친 솔로 털어내고 햇볕에 내어 바짝 말린다. 사진은 완성된 누룩.

7. 누룩은 술 빚기 2~3일 전에 법제하여 사용한다.

백주곡 白酒麴

白酒方麴方當歸縮砂木杏薏香苓苓香川椒白朮
各一官桂兩三盞香白芷吳萊茰廿草明各一杏仁兩
爲泥別硏石件藥味並爲細末用白糯米一斗淘洗極
淨用䴷爲細粉入前藥和勻用靑辣蔘取自然汁
搜拌乾濕得所搦六七百杵圓如鷄子大中心捺一
一簍以白藥爲衣稈草裹了用新草蓋有全酸稈草
二日有靑白酸衍草擻天氣寒暖益開一
去訖七日聚作一處遂旋散開酌癸乾三七日
用筐盛頓懸掛日曝夜露每糯米一斗七兩五錢

백주곡은 백주(白酒)에 사용되는 특수 누룩으로 분류된다. 어느 누룩과 달리 상당히 다양하면서도 많은 양의 한약재들이 사용되는 까닭이다. 백주곡과 같은 종류의 누룩으로 '만전향주곡'이나 '동양주곡', '연화곡' 등이 있는데, 문제는 이러한 누룩들이 술과 함께 자취를 감췄다는 사실이다.

이러한 사실은 무엇을 뜻하는가? 추측컨대, 과거에는 한약재의 구입이 용이하지 않았다는 것과, 술을 빚어본 사람

이면 경험하는 바와 같이 발효가 썩 활발해지지 않는다는 데 기인한 것 같다.

달리 표현하면, 누룩에 사용된 약재마다의 고유한 특성 때문에 약주 제조에서처럼 오히려 술의 발효가 잘 일어나지 않는다는 것이 그 이유였을 것이라는 추측이다. 누룩이 다 뜬 후에도 한약재의 강한 향이 많이 남아 있었으며, 표면의 곰팡이 빛깔 또한 밝고 좋다는 느낌이 들었으나, 누룩 고유의 향취를 느낄 수 없다는 사실이 이를 반증한다. 직접적인 술 빚기를 통하지 않고서는 그 어떤 추측도 삼가야 할 일이기에, 유념해서 살핀 누룩 디디기와 발효 후의 경과에 대하여 언급하였다.

—〈임원경제지(林園經濟志)〉

누룩 재료

찹쌀 1말, 약재(당귀 · 축사 · 방향 · 목향 · 영향 · 백출 · 관계 · 천초 · 단향 · 백지 · 오수유 · 감초 · 행인 각 1냥), 여뀌즙 3되

준비 물품

믹서, 절구, 베주머니, 자배기, 물동이, 바가지, 볏짚, 대자리, 광주리

디디는 법

1. 준비한 약재.

2. 찹쌀 1말을 깨끗이 씻은 뒤, 매우 고운 가루로 빻는다.

3. 준비한 분량의 약재를 고운 가루로 빻고 한데 섞는다.

4. 여뀌를 절구에 찧어 만든 즙을 가루에 골고루 뿌려 섞는다.

5. 재료가 골고루 섞이도록 절구에 넣고 찧는다.

6. 반죽을 주먹밥 형태로 단단히 쥐어 뭉친 다음, 한가운데를 눌러서 오목하게 하여 밑누룩을 만든다.

7. 밑누룩을 짚으로 싸서 대자리에 펴서 띄운 지 4일 후 청백색의 곰팡이가 자랐으면, 볏짚을 걷어내고 새로운 풀(짚)로 다시 싸서 덮는다.

8. 7일 후에 다 띄워진 누룩을 광주리에 담아, 바람이 통하는 서늘한 곳에 매달아 두었다가, 습기 많은 밤에 이슬을 맞추어 21일간 건조시킨다. 사진은 완성된 누룩.

9. 술 빚기 2~3일 전에 법제하여 사용한다.

백주곡 2 白酒麴

앞에 나온 백주곡과 동일한 방문으로 이루어지는 특수누룩인데, 반죽할 초재의 종류와 성형 과정에서 약간의 차이를 보이고 있다.

즉, 본법이라 할 수 있는 앞의 백주곡은 여뀌즙을 사용하고, 발효 과정에서 누룩의 중심 부분이 썩는 것을 방지하기 위하여 중심을 오목하게 만들었던 것과는 달리, 별법의 백주곡은 제비쑥즙액으로 반죽하며, 중심 부분을 대꼬챙이를 이용하여 구멍을 뚫는다는 점에서 차이를 보이고 있다.

누룩을 띄우는 데 따른 발효 과정이나 다 뜬 후의 향취, 색깔 등에서는 본법의 백주곡이 더 좋았던 것으로 기억되며, 이는 별법의 제비쑥즙보다 본법의 여뀌즙이 비교적 향취가 좋기 때문이 아닌가 생각된다.

다만, 본법에서와 같이 별법에서도 부재료로 사용되는 약재 가운데 빠진 것들이 있다는 점을 밝혀 둔다. 즉 '향령', '영향', '오수유' 등의 약재는 국내에서는 사용되지 않

는 재료들이어서 부득이 제외시킬 수밖에 없었는데, 이들 재료가 누룩의 발효에 얼마
만큼 영향을 미치는지에 대해서는 연구 과제로 남아 있다.

─〈임원경제지(林園經濟志) 별법(別法)〉

누룩 재료

찹쌀 1말, 누룩 1냥, 약재(당귀 · 축사인 · 목향 · 곽향 · 향령 · 영향 · 천초 · 백출 · 관계 · 단향 · 백지 · 오수유 · 감초 · 행인) 각 1냥, 제비쑥즙 2되, 백약

준비 물품

믹서, 절구, 베주머니, 자배기, 물동이, 바가지, 대꼬챙이(이쑤시개), 볏짚

디디는 법

1. 누룩 외 약재 각 1냥씩을 곱게 갈아 가루로 만든다.

2. 찹쌀 1말을 깨끗이 씻고 곱게 가루로 만들어서, 가루로 만든 약재와 혼합한다.

3. 제비쑥을 찧어서 즙을 취한 다음, 혼합한 재료와 섞고 반죽한다.

4. 혼합한 재료를 절구에 넣고 수백 번 찧는다.

5. 반죽한 것을 달걀 크기로 만들고, 가운데 구멍을 뚫는다.

6. 애누룩 바탕에 백약을 묻히고, 볏짚으로 덮어 두었다가 2일 후에 볏짚을 갈아준다.

7. 7일 후에 꺼내고 20여 일간 건조시킨 후 법제한다. 사진은 완성된 누룩.

만전향주곡 滿殿香酒 麴

滿殿香酒方麴方
白麵一百糯米粉伍木香兩伴白术
十白檀兩甜瓜一百箇取熟縮砂甘草密香各兩五
白芷藿苓香各二蓮花二百汁染右件九味碾
爲細末入麵粉內用蓮花瓜汁和勻踏作片紙袋
盛貯通風處七七日可用每米一斗用麴一斤覓
月開貯冬月待微發作糯米稀粥一椀溫時投之
謂之搭甜必居家用

만전향주곡은 1827년경의 문헌인 〈임원십육지〉에 수록된 누룩으로, 23년 후 〈오주연문장전산고〉에 등장한 이후 다른 문헌에서는 나타나지 않는다. 만전향주곡이라는 명칭으로 미루어볼 때 만전향주의 제조에 사용되는 누룩이라고 하겠는데, 만전향주의 실제 제조에 사용되는 누룩에 대한 언급이 없어 분명한 용도를 알 수 없다.

다만, 19세기 초엽(1810년)에 들어서면서 이규경(李圭景)에 의하여 중국 및 일본과의 문헌 교환을 통해 해외의 여러 주품(酒品)들이 국내에 속속 소개되었는데, 장춘법주(長春法酒)에 이어 약용법주류의 하나인 만전향주 또한 원나라 초기의 문헌인 〈거가필용〉에 근거

한 방문으로 전한다.

누룩의 재료로는 특이하게 쌀가루와 곽향(藿香), 정향(丁香) 등 여러 가지 약재가루를 연꽃잎의 즙액과 참외즙액으로 반죽하여 디디는데, 종이에 싸서 시렁에 매달아 띄운다. 이 누룩이 중국에서 유입된 사실과 관련하여 '광령(廣苓)', '영향(苓香)' 등 국내에서는 사용되지 않는 약재를 볼 수 있으며, 반죽에 사용되는 참외즙과 연화즙액으로 인해 뛰어난 향기를 느낄 수 있었는데, 발효를 거치는 동안 그 향기는 사라지고 약재의 매운 향기만이 남아 독특한 맛을 느낄 수 있었다.

기록에 "쌀 1말당 누룩 1근 비율로 술을 빚는다. 여름철에는 뚜껑을 열어 놓고, 겨울철에는 뚜껑을 덮어 놓는데, 발효시 묽은 찹쌀죽 1사발을 넣어주면 좋다."고 하여, 여름철 양조를 목적으로 제조된 누룩으로 여겨진다.

―〈임원십육지(林園十六志)〉

누룩 재료

밀가루 100근, 찹쌀가루 5근, 연화 200타, 백지(白芷) 2냥 5전, 정향 2냥 5전, 광령 2냥 5전, 영향 2냥 5전, 목향 0.5냥, 백단 5냥, 곽향 5냥, 축사 5냥, 감초 5냥, 백출 10냥, 참외 100개

준비 물품

누룩틀, 면보자기, 베주머니, 믹서, 맷돌, 자배기, 과일칼, 강판, 흰종이, 볏짚(새끼)

디디는 법

1. 누룩 재료.

2. 목향 0.5냥, 백출 10냥, 백단 5냥, 감초 5냥, 곽향 5냥, 축사 5냥, 백지 2냥 5전, 정향 2냥 5전, 광령 2냥 5전, 영향 2냥 5전을 가루로 빻는다.

3. 참외 100개는 껍질을 벗기고 강판에 갈아서 즙을 낸다.

4. 연화(蓮花)는 다듬어서 믹서나 맷돌에 갈아 즙을 낸다.

5. 밀가루 100근에 찹쌀가루 5근, 약재가루를 섞고 참외즙과 연화즙으로 반죽을 한다. 밀가루와 찹쌀가루에 수분이 골고루 배도록 알맞게 반죽을 한다.

6. 반죽을 누룩틀에 담아 단단히 밟아 성형을 한다. 사진은 성형이 끝난 누룩.

7. 애누룩은 한 덩어리마다 종이로 싸서 바람이 잘 통하는 곳에 매달아 둔다.

8. 49일(일곱이레) 만에 거둬들이고 법제하여 술을 빚는다. 사진은 완성된 누룩.

정화곡 精華麴

정화곡은 독특하게 생강을 이용한 누룩으로, 디디기가 끝난 후에는 생강 특유의 강한 향기와 매운맛을 주는데, 발효가 끝난 후에도 강한 향기를 느낄 수 있다.

만드는 방법이 비교적 쉬운 편인데, 주의할 일은 생강을 갈아 즙을 짜낼 때 충분한 시간을 두고 가라앉혀서 생강 녹말을 제거한 후 사용하도록 하고, 반죽이 질어지지 않도록 해야 한다. 반죽이 질어지면 띄우는 과정에서 썩기도 하거니와, 생강의 성분 때문에 잘 뜨질 않는다. 생강의 매운 향기와 맛 성분이 잡균의 증식을 억제하는데, 생강즙이 지나치게 많이 들어가면 오히려 효모와 누룩곰팡이의 증식을 도모할 수 없다.

따라서 누룩을 띄우는 시기는 삼복이 가장 좋다. 시렁에 매달아 띄우기 위해서는 주변의 온도와 특히 습도가 높아야 곰팡이가 잘 피고 효모의 증식도 기대할 수 있는데, 주변온도가 낮은 상태에서 바람만 잘 통하면 쉬이 건조되기 때문이다.

이와 같은 방법의 누룩은 발효가 끝난 후 보관하기 전에 법제를 해주어야 하는데, 특히

분쇄한 뒤에 햇볕에 내어 잘 건조시켜 종이봉투에 담아 보관하거나 비닐봉투에 싸고
여러 겹 종이로 싸서 냉장고에 저장하여 두면 좋다.

— 〈임원십육지(林園十六志)〉

누룩 재료

밀가루 1말, 생강즙 2되

준비 물품

누룩틀, 면보자기, 맷돌, 믹서(강판), 고운체, 자배기, 물동이, 바가지, 볏짚(새끼)

디디는 법

1. 통밀을 맷돌에 갈아 고운 가루로 만든다.

2. 밀가루를 체에 쳐서 밀기울과 하얀 밀가루를 분리한다.

3. 생강을 물에 깨끗하게 씻어 물기를 뺀 뒤, 믹서나 강판에 갈아서 고운체에 밭치거나 베주머니에 담아서 짜낸 다음 찌꺼기는 버린다.

4. 밀기울을 제거한 흰 밀가루에 생강즙을 넣고 고루 섞은 뒤, 체에 쳐 수분을 맞춘다.

5. 누룩틀에 면보자기를 깔고 밀가루 반죽을 채워 넣은 후, 발로 단단히 밟아서 성형한다.

6. 누룩틀에서 애누룩을 빼내어 새끼로 묶어서 바람이 통하는 곳에 걸어 두고 21일간 발효시킨다.

연화곡 蓮花 麴

누룩 가운데 꽃을 사용하는 경우가 있는데, 〈임원경제지〉에서 찾을 수 있다. 본 방문의 연화곡 외에 '만전향주곡'이 그 예인데, '만전향주곡'이 연화를 비롯하여 참외를 짓찧어 만든 즙액을 사용하여 누룩을 반죽하는 반면, 연화곡은 연꽃잎을 초재로 사용한다는 점에서 차이가 있다.

또한 '만전향주곡'은 밀가루와 찹쌀가루를 주재료로 하여 여러 가지 약재가루를 사용하는 데 비하여, 연화곡은 찹쌀가루와 녹두가루에 백출(白朮)과 천초가루를 부재료로 하여 물로 반죽을 한다는 점에서 약간의 차이를 보인다.

따라서 만전향주곡과 연화곡의 차이는 반죽하는 물과 띄울 때의 초재에 따른 차이라고 할 수 있다. 즉, 만전향주곡이 참외와 연화의 즙

액으로 누룩의 초취를 내는 방문을 보여주고 있는 반면, 연화곡은 연꽃잎과 닥나무잎(약쑥)에 묻어 띄움으로써 누룩의 초취를 얻는 방문으로 풀이할 수 있다. 만전향주곡에 비해 연화곡의 향취가 다소 떨어진다는 것을 알 수 있다.

그런데 이 연화곡을 사용하는 주품에 대해서는 밝혀지지 않아 아쉬움이 남는다. 연화주란 주품은 예의 방법의 누룩을 사용하고, 술독 밑에 연화를 깔고 술덧을 안치는 방문으로 알려져 있기 때문이다.

―〈임원경제지(林園經濟志)〉

누룩 재료

녹두 3말, 찹쌀 3말 8냥, 백출 150냥, 천초 8냥, 물(8되~1말)

준비 물품

누룩틀, 맷돌, 고석, 면보자기, 자배기, 물동이, 바가지, 연꽃잎, 닥나무잎(약쑥)

디디는 법

1. 찹쌀 3말 8냥을 깨끗이 씻고 곱게 가루를 내어 넓은 그릇에 담아 놓는다.

2. 녹두 3말을 맷돌에 타서 물에 깨끗이 씻어 불린 후, 껍질을 제거하여 맷돌에 갈거나 절구에 찧어 둔다.

3. 백출 150냥과 천초 8냥을 가루 내어 준비한 다음, 찹쌀가루와 녹두 찧은 것, 백출가루, 천초가루를 한데 섞고 물을 쳐가면서 치대어 반죽을 한다.

4. 누룩 반죽을 누룩틀에 넣고 단단히 밟아서 성형을 한다.

5. 성형이 끝난 누룩.

6. 한갓진 곳에 고석을 펴 놓고, 그 위에 닥나무잎이나 약쑥을 펴고, 다시 그 위에 연꽃 한 장을 펴 놓는다.

7. 연꽃 위에 애누룩을 놓고 연꽃으로 덮는 방법으로, 차곡차곡 쌓는다.

8. 애누룩의 맨 위와 사방에 약쑥을 드리우고, 예의 방법대로 하여 21일간 띄운다.

9. 발효가 끝난 누룩(사진)은 곰팡이를 털어내고, 건조시켜 법제 후 사용한다.

동양주곡 東陽酒麴

東陽酒麴○白麲一百斤
芫仁三斤杏仁三斤草烏一
斤烏頭三斤去皮
司歲去其半
兩官桂八兩辣蓼
葉豆五升麥氣木香四
十斤水浸七日瀝母藤十斤癸年草
十斤x二條同葵草三味入鍋煎煮葉莒每石米內放麴
十斤多則不妙

동양주곡은 동양주(東陽酒) 전용의 누룩이다. 동양주란 전통적인 음양오행사상에서 비롯된 방문으로, 이 동양 주곡을 이용하여 빚는다고 하여 동양주라는 술 이름을 얻게 되었다. 이를테면 향온주나 이화주와 같다고 하겠 는데, 멥쌀가루로 빚은 삶은 떡에 동양주곡을 섞어 밑술 을 빚고, 다시 찹쌀 고두밥만으로 덧술을 하는 이양주(二 釀酒)인데, 일반 조곡만으로 빚은 술에서도 매우 좋은 방 향을 얻을 수 있다.

동양주곡은 만전향주곡과 많이 비교된다. 즉 부재료로 한약재가 많이 사용된다는 점에서는 비슷하나, 동양주 곡은 국내에서 생산되는 토종재료로 이루어진 반면, 만

전향주곡은 거의가 국내에서 생산되지도 않고 지금은 사용하지도 않는 중국약재를 사용하고 있고, 동양주곡은 도꼬마리즙과 매화잎으로 반죽을 한 뒤 일반적인 방법으로 띄우는 반면, 만전향주곡은 찹쌀가루와 밀가루를 참외즙과 연화즙으로 반죽하여 성형한 뒤 종이에 싸서 시렁에 매달아 띄운다는 점에서 분명한 차이를 보인다.

완성된 동양주곡은 은은한 향기를 내는데, 표면은 매우 깨끗하나 속은 엷은 갈색을 띠며 여느 누룩에서 느낄 수 있는 누룩곰팡이 냄새가 거의 없다. 기록에 "쌀 1섬으로 지은 고두밥에 누룩 1말을 섞어 술을 빚으면 술이 많고, 독하지 않다."고 되어 있다.

—〈임원십육지(林園十六志)〉, 〈농정회요(農政會要)〉

누룩 재료

밀가루 100근, 도인 3근, 행인 3근, 바곳 뿌리 1근, 녹두 5되, 목향 4냥, 육계 8냥, 여뀌 10
근, 매화 10근, 도꼬마리 10근, 도꼬마리잎 1석, 물

준비 물품

누룩틀, 면보자기, 믹서, 과일칼, 자배기, 절구, 베주머니, 시루, 솥, 물동이, 바가지, 볏짚, 빈
가마니

디디는 법

1. 열매(도인, 행인)는 껍질을 벗기고 맷돌에 갈아 가루를 내어 준비한다.

2. 바곳 뿌리는 껍질을 벗겨 준비한다.

3. 목향, 육계, 매운 여뀌는 물에 7일간 담가 두고 매화잎에 물이 스미게 한다.

4. 도꼬마리와 도꼬마리잎을 절구에 찧어 즙을 내어 준비한다.

5. 약재 불린 물에 녹두를 넣고 녹두에 약재의 맛이 들도록 삶아낸다.

6. 밀가루에 삶아낸 녹두와 껍질 벗긴 열매가루, 물을 들인 매화, 도꼬마리즙을 섞고
   치대어 반죽한다.

7. 누룩틀에 반죽을 채워 넣고 발로 디더서 성형한다.

8. 성형이 끝난 누룩.

9. 누룩틀에서 밑누룩을 빼내어 볏짚과 빈가마니 등을 이용하여 예의 방법대로 띄운
   다. 사진은 완성된 누룩.

미곡 米麴

米麴方用糯米粉一斗自然蓼汁和作圓丸楮葉包
掛風處七七日晒收細葉草「東法正月初一日以
白米或粘米水浸作末微蒸過踏作麴埋松葉内
器成每釀酒米一斗入麴末二升烈〈增補山林經濟〉

〈본초강목〉의 미곡은 '쌀누룩'으로 풀이되는데, 흔치 않게 여뀌즙액으로 반죽을 하고 닥나무잎으로 싸서 발효시킨다는 점에서 일반 누룩과의 차이점을 엿볼 수 있다.

우선, 여뀌는 채취하여 물에 씻어 물기를 털어내고 맷돌, 분쇄기에 갈아 파쇄한 뒤 다시 절구에 찧거나 녹즙기 같은 기계를 이용하는 것이 좋다. 섬유질 성분이 많아 착즙이 용이하지 않으나 잘 찧은 여뀌즙은 점액질 성분과 함께 부드럽고 향취 또한 좋다.

반죽을 할 때에는 쌀가루에 소량씩 흩뿌려가면서 섞고, 어느 정도 촉촉해진 느낌이 들면 중간체에 한 번 내려서 반죽을 하는 것이 좋다. 반죽이 질어지면 누룩 중심 부분이 썩을

염려가 있기 때문이다.

〈증보산림경제〉에 "닥나무잎이 없으면 솔잎에 묻어 예의 방법으로 띄운다."고 하였는데, 솔잎은 누룩 표면에 검은곰팡이가 많이 생겨 좋지 못하므로, 가능하면 잎이 넓고 큰 닥나무잎을 채취하여 여러 겹으로 싸서 띄우면 좋다. 이렇게 하여 완성된 미곡에서는 잘 자란 황곡균을 볼 수 있는데, 기록에서 미곡에 대하여 설명하기를 "눈같이 희다고 하여 '설향곡(雪香麴)'이라고 한다."고 한 점으로 미루어, 누룩의 빛깔이나 향취에 있어서 〈임원십육지〉의 설향곡과 매우 흡사하다는 것을 알 수 있다.

술 빚는 법에서 "쌀 1말에 미곡 2되 비율로 술을 빚는다."고 한 것을 보아 알 수 있듯이, 미곡 역시 일반 제법의 분곡이나 조곡에 비해 역가가 매우 떨어진다.

— 〈본초강목(本草綱目)〉, 〈임원십육지(林園十六志)〉

누룩 재료

찹쌀 1말, 천연 여뀌즙(여뀌 1석)

준비 물품

둥근 누룩틀, 면보자기, 시루, 솥, 절구, 베주머니, 물동이, 바가지, 닥나무잎, 볏짚(빈가마니), 종이봉투

디디는 법

1. 찹쌀(멥쌀) 1말을 물에 씻어서 불린 다음, 시루에 넣고 살짝 쪄서 식으면 가루로 빻는다.

2. 여뀌를 채취하여 절구에 넣고 짓찧어 2되 가량의 즙을 채취한다.

3. 쌀가루에 여뀌즙을 넣고 골고루 섞이도록 오랫동안 반죽한다.

4. 쌀가루 반죽한 것을 둥글고 납작한 형태로 단단히 뭉친다(누룩틀에 넣고 디딘다).

5. 단단히 디딘 밑누룩 덩어리를 닥나무잎으로 싼 다음, 볏짚으로 묶어 놓는다.

6. 바람 드는 곳에 매달아 두고 49일간 띄운다.

7. 햇볕 좋은 날 볕을 쪼이고 건조시켰다가, 누룩이 완성되었으면 종이봉투에 담아 보관하여 사용한다. 사진은 완성된 누룩.

신곡 神麴

신곡은 앞에서 여러 차례 설명한 바 있어, 본 방문에서는 두드러지게 나타난 특징과 요령을 중심으로 설명하기로 한다.

〈동의보감〉의 신곡은 다른 방문과 달리 누룩의 주재료로 메밀을 사용한다. 메밀은 술의 재료로도 이용되는 만큼, 그 성분이 전분이라는 사실에서 누룩으로도 사용되었던 것으로 여겨진다. 대부분의 신곡이 밀과 보리 중심으로 제조되는 데 반해, 이 방문은 메밀가루를 사용하고 여기에 행인가루와 볶은 팥이 부재료로 이용되는 것이 특징으로, 매우 고소한 냄새를 풍긴다. 또한 도꼬마리, 여뀌, 제비쑥 등을 찧어 만든 즙액으로 반죽을

하는데, 이들 재료의 즙액 채취가 매우 힘들고 볶은 팥가루는 그 부피가 많이 늘어나 반죽을 잘못하면 결코 좋은 누룩을 얻을 수 없다.

특히 팥은 껍질 부분의 스펀지 현상이 심하고 잘 분쇄되지 않으므로 중간체를 이용하여 여러 차례 비벼서 내린 후에 사용하면 좋다. 그렇지 않고 거친 팥가루를 이용하면 부풀어 오르는 현상으로 인해 균열과 수분 건조가 빨라지는 결과를 초래하며, 충분히 숙성된 누룩을 얻을 수 없다. 신곡 역시 볏짚이나 쑥잎, 마잎 등으로 싸서 발효시키는 만큼 이들 초재로 인해 자칫 수분을 빼앗기기 쉽기 때문이다.

— 〈동의보감(東醫寶鑑)〉

누룩 재료

메밀가루 25근, 도꼬마리즙 1되, 여뀌즙 1되 3홉, 제비쑥즙 1되, 행인가루 1되 3홉, 붉은 팥 1되

준비 물품

누룩틀, 면보자기, 절구, 베주머니, 자배기, 물동이, 바가지, 믹서, 솥, 마잎(닥나무잎 또는 쑥잎, 볏짚), 빈가마니

디디는 법

1. 6월 6일에 디디는데, 삼복 중의 6월 6일이 좋다고 한다. 이날 기울 섞인 메밀 25근을 가루 내어 기울 섞인 그대로 준비한다.

2. 도꼬마리잎을 절구에 찧어 나온 즙 1되를 마련한다.

3. 여뀌잎을 절구에 찧어 나온 즙 1되 3홉을 준비한다.

4. 제비쑥잎을 절구에 찧어 나온 즙 1되를 준비한다.

5. 행인을 가루 내어 1되 3홉을 준비한다.

6. 붉은 팥을 삶아서 찧어 1되를 준비한다.

7. 모든 재료를 한데 합하고, 고루 치대어 반죽한다.

8. 누룩틀에 면보자기를 깔고 그 안에 반죽을 단단히 채운 뒤, 면보자기 끝을 오므린 후 발로 사정없이 밟는다.

9. 누룩틀에서 애누룩을 빼내어 (마잎, 닥잎, 쑥을 깔고 덮어) 예의 방법대로 띄운다.

10. 누룩에 누룩곰팡이가 입혀졌으면 햇볕에 내어, 건조시켜 보관하였다가 가루 내어 사용한다.

신곡 神麯

祝麴文

東方靑帝土公靑帝威神南方赤帝土公赤帝威神
西方白帝土公白帝威神北方黑帝土公黑帝威神
中央黃帝土公黃帝威神某年月某日辰朔日敬啓
五方五土之神主人某甲謹以七月上辰造作麥麴
數千百餅阡陌縱橫以辨疆界所願神力勤勤所建立五王各布封
境穰腐之薦以相祈請願垂神力勤勤使出類
絶蹤穴蟲潛影衣色錦布或利若子旣醉旣逸惠彼
以狂芳越椒熏味超和鼎飮殺熱火燋以烈
小人亦恭亦譚敢告三格言斯整神之賜之福應
自冥人願無爲希從畢永急急如律令祝三遍名再

〈본초강목〉과 〈제민요술〉의 신곡은 그 방문이 동일한 것으로 미루어 신곡이 중국 누룩이라는 것을 알 수 있다. 앞에서 언급한 바 있듯이 "여섯 신〔六神〕의 색과 비슷한 여섯 가지 식물이나 곡물을 넣어 만든다." 하여 신곡이라고 하는데, 이 신들이 5월 5일이나 6월 6일에 모여 회의를 한다고 믿었던 중국 사람들이 이 날을 기해 누룩을 디디는 풍속에서 유래한 방문이다.

이렇듯 각 방위를 상징하는 색깔을 띠

는 초재나 곡물로 주재료를 삼고, 특정한 날을 기해 누룩을 디뎌야 한다고 생각했던 까닭은 누룩의 품질을 결정하는 것이 인간의 눈에 보이지 않는 미생물이라는 사실로서, 순전히 자연(신)의 힘에 의존해야 하고 이들 신의 도움이 없이는 불가능하다고 여겼던 데서 비롯된 풍습으로 생각된다.

이 신곡 역시 제비쑥과 도꼬마리, 여뀌즙을 채취할 때 물을 치지 말아야 하며, 팥가루를 잘 만들고, 재료를 혼합한 후에는 반죽하기 전에 체에 내려서 사용해야 실수가 없다.

—〈본초강목(本草綱目)〉, 〈제민요술(齊民要術)〉

누룩 재료

밀가루 100근, 제비쑥 자연즙 3되(제비쑥 1석), 붉은 팥 3되, 행인 3되, 도꼬마리즙 1되, 들여뀌즙 1되

준비 물품

누룩틀, 면보자기, 절구, 베주머니, 솥, 믹서, 자배기, 물동이, 바가지, 마잎(닥나무잎), 빈가마니

디디는 법

1. 제비쑥을 절구에 찧어 만든 자연즙 3되를 마련한다.

2. 붉은 팥 3되를 삶아 물러지면 찧어서 마련한다.

3. 행인 3되를 찧어 만든 가루를 준비한다.

4. 도꼬마리잎을 절구에 찧어 1되를 마련한다.

5. 들여뀌잎을 절구에 찧어 1되를 마련한다.

6. 밀가루 100근에 붉은 팥가루와 행인가루를 섞고, 제비쑥을 비롯하여 도꼬마리즙, 들여뀌즙을 각각 넣어 고루 버무려 떡을 만든다.

7. 떡을 누룩틀에 채워 넣고, 단단히 밟아 성형한다.

8. 애누룩을 마잎이나 닥나무잎에 싸서 띄운다.

9. 발효가 끝난 누룩. 누룩곰팡이가 입기를 기다렸다가 볕에 내어 법제한다.

신곡 3 神麴

이 책에 수록된 다른 여러 누룩 방문을 보면 알 수 있듯, 주재료가 밀이냐 아니면 보리냐에 따라 그 종류가 달라지는 것도 있고, 초재의 종류나 가공 방법, 또는 발효 방법 등에 따라서 그 종류가 달라지기도 한다.

따라서 전통누룩은 그 어떤 면에서도 통일성이나 일정한 규칙이 없다고 볼 수 있겠으나, 엄밀한 의미에서는 어떠한 누룩이라도 기본적인 원리는 같다. 즉, 어떻게 해서 질 좋은 누룩곰팡이와 효모를 얻을 것이며, 또 어떤 방법으로 세균을 비롯한 잡

균의 증식을 억제할 것이냐, 그리고 가능한 향취가 좋은 누룩을 만들 것이냐 하는 문제로 귀결되기 때문이다.

이러한 이유에서 만들어진 누룩 방문 가운데 하나로 이 신곡을 들 수 있다. 누룩을 반죽하는 데 물 대신에 도꼬마리즙액을 이용하는 것이 이 신곡의 특징이라 할 수 있다. 도꼬마리즙액의 성분 중에는 리놀렌산이라는 유기산 외에 옴이나 습진, 독창 및 종기의 치료에 특효한 성분이 함유되어 있고, 벌에 쏘이거나 개에 물렸을 때에도 효과가 있어, 독성의 중화와 해독에 유용하게 이용되고 있는 것으로 미루어, 누룩의 잡균과 이취 해소를 위한 방편으로 만들어진 방문이라는 것을 알 수 있다. 기록에 이 신곡을 신곡주와 청곡주에 이용한다고 한 것으로 미루어 비교적 맑은 청주의 제조를 위한 누룩이라 여겨진다.

— 〈제민요술(齊民要術)〉

디디는 법

1. 7월 중순 전에 밀을 깨끗이 씻어 볕에 내놓고 바짝 말린다.

2. 밀을 3등분하여 각각 찌고, 볶고, 날것으로 빻는다.

3. 도꼬마리잎을 채취한다.

4. 도꼬마리잎을 절구에 찧고, 그 즙을 취하여 2말을 준비한다.

5. 가루 내어 준비한 밀을 한데 합하고, 도꼬마리즙으로 되게 반죽한다.

6. 누룩 반죽을 원형의 누룩틀에 넣고 예의 방법대로 디더서 성형한다.

7. 성형한 애누룩(사진)은 예의 방법대로 26일간 발효, 숙성시킨다.

하동신곡 河東神麯

河東神麯方七月初治麥七日作麯七日未得作者
七月二十日前亦得麥一石者六斗炒三斗蒸一斗
生細磨之桑葉五分蒼耳一分艾一分茱萸一分苦
無茱萸野蓼亦得用合煮取汁令如酒色漉出淨待
冷以和麯勿令太澤擣千杵餅如凡麯方範作之

하동신곡은 여러 종류의 신곡과 같이 중국 문헌인 〈제민요술〉에 수록된 것으로 중국 누룩임을 알 수 있으나, 어떻게 해서 하동신곡이란 이름을 얻게 되었는지에 대해서는 알 수 없다. 다만, 중국 하동 지방에서 만들어졌던 누룩이 아닌가 생각된다.

하동신곡은 도꼬마리 등 초재를 사용한다는 점에서는 일반 신곡과 큰 차이가 없으나, 유일하게 뽕잎을 비롯하여 쑥과 수유잎을 사용하고 있어 다른 신곡과는 차이를 보이며, 특히 자연즙액이 아닌 탕약처럼 부재료를 함께 물에 넣고 끓여낸 즙액을 이용한다는 점에서 차별된다. 자연즙액과 탕약 형태의 즙액은 약용성분과 향기, 미생물의 유무에서 큰 차이를 나타내기 때문이다.

이 방문에서 주의할 일은 도꼬마리 등 초재를 달인 즙액을 충분히 마련해야 한다는 것이다. 왜냐하면 누룩의 주재료가 밀이 아닌 보리라는 사실 때문이다. 이미 언급하였듯이 보리는 밀보다 수분 함량이 훨씬 적은 데다 글루텐 성분이 적기 때문에 밀가루 반죽보다 점성이 떨어지므로 누룩 반죽에 힘이 든다. 또한 반죽을 마쳤다고 하더라도 시간이 경과할수록 보릿가루의 수분 흡수가 많아지거니와 점성이 부족하기 때문에 수분 건조가 빨리 일어나 결국에는 수분 부족 상태가 되어 나중에 디딜 때는 부서지거나 균열이 발생하기 쉽다는 것이다.

따라서 적당량으로 등분하여 반죽해 만든 후에 다시 반죽을 하여 사용하는 방법으로 만들고, 특히 단단히 오래 디뎌서 만드는 것이 요령이다. 기록에 조주법 3에 이용한다고 되어 있다.

— 〈제민요술(齊民要術)〉

누룩 재료

보리 1섬, 뽕 · 도꼬마리 · 쑥 · 수유(각 2근), 물 2말 5되

준비 물품

누룩틀, 면보자기, 시루, 솥, 채반, 맷돌, 베주머니, 자배기, 물동이, 바가지, 볏짚(약쑥), 빈가마니

디디는 법

1. 7월 7일에 보리 1섬을 물에 깨끗이 씻어 볕에 내놓고 바짝 말린다.

2. 보리 1섬 중 3말을 시루에 쪄서 볕에 내놓아 말리면서 차게 식힌 뒤, 맷돌에 갈아 가루를 만든다.

3. 보리 6말을 솥에 볶은 뒤, 맷돌에 갈아 가루를 만든다.

4. 보리 1말을 날것 그대로 맷돌에 곱게 갈아서 가루를 만든다.

5. 뽕잎, 도꼬마리잎, 쑥, 수유를 채취하여 물 2말 5되에 넣고 끓여서 짜낸 즙 2말을 준비하여 차게 식힌다.

6. 각각의 보릿가루를 한데 합한 다음, 뽕잎 등을 달인 즙으로 반죽한다.

7. 애누룩을 적당한 크기의 방형으로 만들고 구멍을 뚫는다.

8. 애누룩을 실내에서 28일간 발효, 숙성시킨다. 사진은 완성된 누룩.

누룩 이름 찾아보기